公文写作实战

升职有道，妙笔生花

洪 森◎著

扫码查看

- 公文模板
- 案例分析
- 视频课程
- 学习笔记

南方传媒 | 广东经济出版社

·广州·

图书在版编目（CIP）数据

公文写作实战：升职有道，妙笔生花 / 洪森著．—广州：广东经济出版社，2024.1

ISBN 978-7-5454-8936-1

Ⅰ.①公…　Ⅱ.①洪…　Ⅲ.①公文—写作　Ⅳ.① H152.3

中国国家版本馆 CIP 数据核字（2023）第 144801 号

责任编辑：蒋先润
责任技编：陆俊帆

公文写作实战：升职有道，妙笔生花

GONGWEN XIEZUO SHIZHAN：SHENGZHI YOU DAO，MIAOBI SHENGHUA

出版发行：广东经济出版社（广州市水荫路 11 号 11 ～ 12 楼）
印　　刷：珠海市国彩印刷有限公司
（珠海市金湾区红旗镇永安一路国彩工业园）

开　　本：787 毫米 ×1092 毫米　1/16
印　　张：11.25
版　　次：2024 年 1 月第 1 版
印　　次：2024 年 1 月第 1 次
书　　号：ISBN 978-7-5454-8936-1
字　　数：200 千字
定　　价：52.00 元

发行电话：（020）87393830
编辑邮箱：286105935@qq.com
广东经济出版社常年法律顾问：胡志海律师
法务电话：（020）37603025
如发现印装质量问题，请与本社联系，本社负责调换

前　言

过硬的笔头功夫，助你职场游刃有余

公文，狭义上主要指党政机关在实施领导和行政管理过程中形成的具有法定效力和规范体式的文书，是进行行政管理和公务活动的重要工具。广义上，公文指各级各类机关、社会团体、企事业单位制订、使用的公务文书，在工作中扮演着举足轻重的角色。

“工欲善其事，必先利其器。”如果说职场是各项技术的竞技场，那么公文写作就是其中一项常见而实用的技术。没有掌握它的诀窍时，你可能会觉得它平平无奇，但是一旦掌握了它的内涵，就会发现其中大有天地，运用起来奥妙无穷。

比如举办欢迎会，要用到欢迎词；感谢志愿者的贡献，要写感谢信；开会传达布置一份重要工作，可能要用到讲话稿……这些都是公文写作中的一部分。

同样是欢迎词，有的人写得味同嚼蜡、毫无新意，有的人却写得慷慨激昂、热情饱满；同样是感谢信，有的人搜肠刮肚却还是写得又平淡又冗长，有的人却写得灵动飘逸、文采飞扬；同样是讲话稿，有的人写来写去就是如同八股文那样千篇一律，有的人却能够打破结构的“枷锁”，写出不一样的东西。

这就是掌握公文写作技巧与否的差距。前者能够真正地让读者或听众有兴趣主动接受和领悟，后者则会让读者或听众昏昏欲睡。

在机关单位和事业单位中，办事、办会、办文是日常工作中常见的环节，而这些环节往往都脱离不了公文写作。一个干部，无论平时展现的办事水平多高、办会速度多快、办文表现多好，如果欠缺了公文写作能力，那么这个短板会自始至终地制约着他的发展，因此公文写作堪称领导干部的基本功。

企业当中的情况也差不多，特别是近些年，随着各企业、各行业间沟通的愈发频繁，公文写作、通用文书等在工作中所占的分量也越来越重。对每一个员工来说，拥有一支锋利的“笔头”，绝对会让自己在拥挤的职场路上披荆斩棘。正所谓“人有一技之长，不愁家里无米粮”，不管是新入公司想要立足，还是晋升加薪谈条件，抑或是跳槽选择更好的去处，掌握公文及职场相关通用文书写作的技能，都能够让自己在面对困难时，有一份从容和淡定。

过硬的笔头功夫，本身就是晋升的高价值筹码。

本书不仅传授公文写作技巧，也延伸传授其他通用文书的写作技巧，以实用为要旨，让你快速、全面地领悟到如何高效写出有内容、有价值、领导认可、同事赞许的公文及其他通用文书。让手中的笔，成为你晋升之路上的一把利刃。只要接下来熟读这本书，做到学以致用，你定然可以拥有一把职场竞争利器，让自己在职场进阶之路上快人一步。

愿大家顶峰相见。

洪　森

2023年冬

目　录

第一章　以“笔”为刃，助你职场披荆斩棘　/ 1

第一节　学习公文写作的重要意义　/ 2
第二节　笔杆子的职场晋升规划　/ 5
第三节　进步最快的写材料方式　/ 8
第四节　抓住领导“口味”的小妙招　/ 11
第五节　用文字提升工作“存在感”　/ 14
第六节　以写作风格擦亮身份名片　/ 17

第二章　牢记“四要”，打通公文写作任督二脉　/ 21

第一节　内容要实　/ 22
第二节　遣词要精　/ 25
第三节　行文要简　/ 29
第四节　受众要准　/ 32
第五节　几种重要的公文类型　/ 35

第三章 讲话类公文写作实战技巧及模板 / 41

第一节 讲话稿写作实战 / 42
第二节 发言稿写作实战 / 47
第三节 主持词写作实战 / 52
第四节 倡议书写作实战 / 56
第五节 致辞稿写作实战 / 60

第四章 总结类公文写作实战技巧及模板 / 65

第一节 调研报告写作实战 / 66
第二节 情况汇报写作实战 / 72
第三节 经验材料写作实战 / 77
第四节 工作总结写作实战 / 83

第五章 计划类公文写作实战技巧及模板 / 89

第一节 方案写作实战 / 90
第二节 计划写作实战 / 93
第三节 安排写作实战 / 97

第六章 新闻类公文写作实战技巧及模板 / 103

第一节 简报写作实战 / 104
第二节 政务信息写作实战 / 107
第三节 新闻报道写作实战 / 110
第四节 编者按写作实战 / 113

第七章 信函类文书写作实战技巧及模板 / 117

第一节 联系函写作实战 / 118
第二节 请批函写作实战 / 122
第三节 告知函写作实战 / 126
第四节 邀请函写作实战 / 130
第五节 申请书写作实战 / 133
第六节 证明信写作实战 / 136
第七节 感谢信写作实战 / 139
第八节 慰问信写作实战 / 142
第九节 介绍信写作实战 / 145

第八章 礼仪类、法律类、财务类等通用文书写作实战技巧及模板 / 149

第一节 欢迎词、欢送词写作实战 / 150
第二节 贺词写作实战 / 155
第三节 法律类文书写作实战 / 159
第四节 财务类文书写作实战 / 162

第一章

以“笔”为刃，助你职场披荆斩棘

文字独特的传达作用可以突破时空界限，特别是在当今这个互联网普及的信息时代，文字的意义更是被诠释得淋漓尽致。信息社会的交流传播，文字是一个极其重要的载体。在职场当中，文字作为载体最为常见的一种方式，就是公文。提高公文写作水平，将手中笔打磨成职场晋升的关键利器，是当下职场人重要的一种选择。

第一节

学习公文写作的重要意义

在职场当中，无论是专业工作，还是行政事务，往往都需要通过公文来传达政令政策、处理事务，以保证协调各种关系，让各项工作高效开展。因此学习公文写作意义重大。

一、公职层面，公文写作技能是机关干部的基本技能

正所谓“言而无文，行之不远”，在国家各级党政机关、国有企事业单位、群团组织层面，公文是单位信息流通和政令传达的重要手段，不管是在领导决策的下达、事务的落实和处理方面，还是单位之间的联系沟通，抑或是平时工作的佐证、留痕，公文都有着举足轻重的作用。

近些年，不管是公务员国考还是各地省考，对于公文写作的考察占比都接近总分值的百分之五十。除此之外，大多数事业单位、国企招考，也同样重视公文写作的能力测试。由此可见，对于机关干部等公职人员来说，公文写作水平就是他们入门的试金石之一。

各类单位不同的岗位有着不同的行事风格和细则要求，但无论是什么单位，从部委到村（社区），从两办（党委办公室、政府办公室）到执法部门，公文写作都始终扮演着重要的角色。

省厅级以上的部门经常需要办文办会、下发文件，对公文写作的要求无须多言。只论地市、县（市、区）、镇（街）三级的各部门，平时工作与公文写作的联系也是

密不可分的。

如身处政治中心的两办，直接联系的是当地的党政领导班子，平日里的领导讲话、会议报告、精神传达，都需要水平极高的材料承载，对业务科室的笔杆子们有着极高的公文写作要求，即使在单位里不是专门负责文字工作的，往往也需要有一定的写作基本功才能胜任；政法系统中领导公检法司的政法委，职权广泛，但即便是在偏向外勤的维稳、扫黑除恶等科（股）室，同样需要撰写材料，每个岗位对干部都有着一定的公文写作能力要求；传统的执法部门如市场监督管理局，哪怕是在业务科（股）室，除开平时的审批、核查、执法业务，汇报材料、文字报表也不少见，公文写作同样是单位干部的基本功；外界看起来职责相对单一的单位或群团组织如退役军人事务局、残联等，也有不少部门如办公室秘书科、机关办公室、权益维护科等，都需要材料写手；就算是到了基层乡镇，甚至到村（社区），平时的党建、乡村振兴等工作，都对干部文笔有着一定的要求。由此可见，公文写作技能是广大机关干部必须掌握的基本技能，如果掌握不好这门技能，晋升之路很可能会越走越窄。

二、私企层面，公文写作技能是领导员工的必备技能

在私营企业，公文写作水平代表着公司形象，在一定程度上反映了企业管理的质量和规范，影响着上下级、同事之间的沟通与协调。当然，相较于政府单位来说，公文在私企中的分量不是特别重，但是同样有许多企业中的通用公文写作，是领导员工需要掌握的。

企业运作中的通用公文种类繁多。比如一些重要的会议、活动需要邀请重量级人物出席时，往往会需要撰写“邀请函”；在一些重大典礼上，企业的领导常常需要致“欢迎词”或“欢送词”；等等。此外，在一些专业职位如公司的财务领导岗位，则通常要求具备一定的财务类公文写作基础。这些公文写作，与整个公司的形象和利益紧密相关。

加强公文写作能力建设，有助于更好地落实企业的各种决策，促进企业更加高效流畅地运行，以保障各项工作顺利开展。反之，词不达意、格式混乱的公文，不仅难以发挥预期的作用，甚至还会给企业带来负面效应。

因此，在私企工作中公文从来都不少见，公文写作技能实际上亦是领导员工的必

备技能之一。

三、个人层面，公文写作是职场人提升自我的重要手段

写作是自我对话、自我总结、自我调整的一种重要方法，也是取长补短、整合资源的关键手段。而在职场当中，公文写作就是职场人提升自我的重要手段。

例如，作为一个科室负责人，到了岁末年初，单位要求你写一份科室工作的总结与规划，在写这类公文的过程当中，可以让你对过往工作进行系统的整理，在思考当中理清工作思路，进一步加深对全局工作的理解，做到查漏补缺，进而提升个人工作能力。如果你是市委政研室的同志，遇到党代会、两会、全会等全市大型会议，在撰写大会材料的时候，要从各个业务部门收集素材，掌握全市的情况，这个过程中，你的见识得到长进，无形之中会收获大量的知识；同时，重要的公文从起草、修改到定稿通常要经过数人之手，特别是篇幅较长的大会材料，一般情况下都是经过多处室多次核改与完善的，最后的成文集合了众人的心血，这就意味着你可以更加容易地博采众长、获取经验，提升自身的文笔与能力。

关键是，公文写作更是别人了解你、赏识你的一个重要途径。举个例子，在工作中，材料的呈批，往往会在呈批表里标注拟稿人的姓名，那么在整个呈批环节中接触到这份稿件的领导干部，便都会看见。材料写得出色，可能就会得到领导的赏识，先不提日后的提拔，当下或许就重用了。

总而言之，从个人层面来讲，公文写作的意义十分重大；提升公文写作能力，既有助于提升工作水平，也直接影响个人发展空间的拓展。

第二节

笔杆子的职场晋升规划

在如今这个越来越讲究高效化、规范化、信息化办公的年代，笔杆子的“吃香”程度可以说是与日俱增。但是，不同的单位对笔杆子的水平、类型需求不一样，如果要更快、更轻松地实现职场进阶，还是要因地制宜，根据自身的实际情况做选择，做出最符合自己职业生涯发展的规划。

一、初入江湖，选择比努力更重要

“龙游浅水遭虾戏，虎落平阳被犬欺。”人才放错了位置可能就变成了庸才，宝贝用错了地方可能就变成了废品。在自我价值的实现上，选择比努力更重要，方向比付出更关键。不管是公职人员还是私企职工，都需要谨慎选择适合自己的单位和岗位，具体可以从对新人的友好度、锻炼价值、发展前景三个方面去鉴别。

如在机关单位，发展前景最好的当数两办。两办在各级机关中都是处于核心地位的，特别是党办，服务党委一把手，经常能够直接接触到当地的领导班子，平时有大量的会议讲话、总结报告材料需要撰写给领导审示，是笔杆子“刷存在感”的最佳场合，这也意味着更容易受到领导青睐，有利于未来的晋升。同时，两办的材料历来都是当地独当一面的水平，进入两办，对于自身公文写作水平有着相当大的锻炼提升机会。但是，两办的工作强度相对于普通机关单位要大不少，因此如果吃不了苦或者想图清闲一点的，也许得权衡利弊，考虑一下其他单位。

适合笔杆子发展的土壤，第二梯队是纪委监委、组织部这两个单位。纪委监委作为实权极大的纪检监察机关，是一个非常特殊的存在；组织部作为提拔任用领导干部的关键部门，在系统中地位极高。在这里进步快、锻炼价值高，这些单位的工作性质也注定了笔杆子平时有大量材料需要撰写。当然，无论是两办还是纪委监委、组织部，对领导干部的条件要求都不低，因此对于新人来说，可能并不是那么容易进入。

接下来就是宣传部。宣传部的一把手通常由当地常委兼任，笔杆子在这里成长的空间显然也不小。作为主管新闻发布一条线的部门，宣传部是前线露脸的单位，利用好这个平台锻炼和镀金，也是笔杆子一个不错的选择。

除此之外，对于笔杆子来说，其他机关单位成长的土壤大同小异，有一个共同点就是大多是集中在办公室，办公室主任是笔杆子最可能晋升的职位。

二、略窥门径，不断增强技能储备后劲

不管是在私营企业还是国家机关和国有企事业单位，职场新人的定义，最多的工作年限往往不会超过三年，即使说一个人工作三年之后，已经不能再用“新人”的标准去衡量和做辩解。在这个阶段，笔杆子的职场晋升规划：一是要在当初选择的基础上，根据实际定位进行微调，朝着最适合自己的方向发展；二是要丰富自己的技能储备，挖掘出更多的晋升途径。

微调发展方向，首先，是对自己所处单位的再度审视。时代在变化，不管机关单位还是企事业单位，都可能会出现“三十年河东三十年河西”的情况。譬如曾经由省厅直辖管理的药监局，几经改革后，有的地方，药监局已经被并入最基层的乡镇，工作环境变化巨大。从机关到基层，单位环境和职能的转变，意味着单位中笔杆子的发展空间也有了变化。这时候笔杆子一定要审时度势，考虑接下来是在原来的这个单位继续留任，还是调往别的合适单位谋求更好发展。其次，是对自己的职务现状进行梳理。无论机关单位还是私企，成长都是年轻人的专属名词，年龄优势在各个层面都是一个显著的条件，要晋升就要趁早趁年轻，长期从事脑力劳动的笔杆子更是如此。如果在一个单位写了两三年的材料，还是没有得到重用，没能收获职务晋升的机会，那么接下来一定要好好思考怎么做出改变了。最后，是对自己的专业技能进行有针对性的强化。要做到经常查漏补缺，对自己公文写作存在的薄弱环节及时补强，为职场晋升夯实基础。打个比方，你是做财务相关工作的，但是对企业的清算报告一直不是很

熟悉，每次撰写都要查阅大量资料，这毫无疑问会拉低你的工作效率；或者你是市委办综合科的科员，一直以来都负责市委书记讲话稿的第一手材料，但是你比较粗心，每次的行文都会有一些低级错误出现，需要别人核改才能出稿，这种情况下，如果你不改正这个缺点，领导很难放心让你独当一面，也就很难将你提拔为综合科的正副科长。

丰富自己的技能储备，则是笔杆子们为自己多留条“后路”。正所谓“一颗红心，两手准备”，无论在哪个行业，都是技多不压身。在工作中要做到“干中学、学中干”，提升公文写作的技能，做到各种类目的文书信手拈来。

三、驾轻就熟，此时讲究顺势而为

虽然说公文写作是一个学到老用到老的技能，需要日复一日地积累和更新，但是经历了前面的两个阶段，大多数人此时都已经在职场拥有了一定的阅历。

对于大多数人来说，这个阶段的工作风格基本已经定型，笔杆子在工作多年后，即使没有达到炉火纯青的境界，文笔也基本到了一个稳定的水准，可能短时间内已经难以再寻求突破。

时代的一粒沙，落在个人头上就是一座山。在时代的滚滚洪流面前，不顺应潮流的个人抗争，往往是艰难而苍白的。

个人的努力，要建立在好的平台基础上才能事半功倍，这时候在职场晋升方面的规划，就要讲究扬长避短，将自己已有的优势融会贯通，尽可能地展示和利用起来。

例如你在机关单位从事文字工作5~9年后，公文写作功底已相当深厚，文笔略有小成，那这时就要多关注有这方面人才需求的晋升岗位。假如同时有发改局和政研室两个上级部门选拔的机会，那么政研室毫无疑问是笔杆子的第一选择。

最大化地利用你的优势，顺势而为，是这个阶段最为合理的“出牌”方式，千万不要强迫自己放弃优势去尝试新的、艰难的领域。我们常说要勇于走出自己的舒适圈提升自己，但是走出舒适圈的前提是能够获取更好的成长机会，而不是为了吃苦而吃苦，导致多走弯路，那还不如“躺平”。

第三节

进步最快的写材料方式

这些年，有一个风靡年轻人朋友圈的鸡汤心理学，叫“1万小时定律”。“1万小时定律”的大致意思是说，任何领域、任何事务、任何技能，只要重复训练1万小时以上，就能取得一定的成就。这个定律强调了工匠精神，但是它忽略了天赋和技巧。其实严格意义上讲，世界上从来不存在1万小时定律，它仅仅是心理科学研究的一次不太严谨的演绎而已。没有挑对方向，有的人花了1万小时也无济于事；而如果找到了正确的努力途径，有的人压根不用1万小时也能成为该领域的高手。

写材料也是如此。笔杆子们要追求进步，不能只顾埋头苦干。要掌握正确的方法，以最高的效率提升自我。

一、注重学习积累

公文写作水平的提升，本质上是厚积薄发的过程，要做到进步快，必然避不开知识与素材的积累。在工作生活当中，要多用心去留意和自己业务有关的事物，学懂弄通。比如，在法律相关行业工作，平时可以多研究研究民商裁决文书、起诉状、反诉书等这些文书，学习积累有关的写作技巧；在党政机关部门写材料，那平时就要多关注时事，弄清楚其内在逻辑，特别是在收听收看一些重要的会议的时候，要注意领悟核心要义，吃透精神内涵。

举个例子，2022年10月召开的中共二十大就是一个里程碑式的大会。大会的内容涵盖了社会方方面面的发展情况，有许多极其重要的内容值得笔杆子们去学习领悟。

如党的二十大强调，“当前，世界百年未有之大变局加速演进，新一轮科技革命和产业变革深入发展，国际力量对比深刻调整，我国发展面临新的战略机遇……我国改革发展稳定面临不少深层次矛盾躲不开、绕不过，党的建设特别是党风廉政建设和反腐败斗争面临不少顽固性、多发性问题，来自外部的打压遏制随时可能升级。我国发展进入战略机遇和风险挑战并存、不确定难预料因素增多的时期，各种‘黑天鹅’‘灰犀牛’事件随时可能发生……”，这段话既能够明确我们的站位，提高我们的眼界，让我们正确认识当前的局势，同时从撰写材料的实用性角度来看，也是非常有价值的，在经济发展、反腐倡廉、队伍建设等多个题材的材料中，都可以将这一段话当作模板直接套用。

还有习近平总书记在党的二十大报告提出的“三个务必”，我们在积累这个知识点的时候，不要只停留在表面的认知上，还要学懂弄通“三个务必”体现的是我们党牢牢把握时代和人民赋予的使命任务的历史自觉，体现的是我们党时刻保持解决大党独有难题的清醒和坚定，体现的是我们党时刻准备经受风高浪急甚至惊涛骇浪重大考验的高度警醒。

二、多总结和反思

比学习积累更重要的是总结和消化。在学习的时候，要多拿自己的作品和优秀作品作对比，多总结多反思，追根问底，研究清楚该学些什么，要怎么样才能更方便自己吸收运用，自己的缺陷在哪，应该如何补足。

特别是在阅读优秀公文作品的时候，如果要取长补短掌握作品的精髓，肯定不能泛泛而读只看皮毛，要认真去剖析作品的框架、风格和遣词造句的巧妙之处。比如，讲话稿的结尾很多人都会写，但如果要写成好的“凤尾”，难度也不小。如果你想学习优秀作品的结尾，那就得在阅读的时候多思考、多对比，深入感悟，要分清楚概括式、肯定式和号召式结尾的区别。如这样的结尾：

“总之，只有改革才有出路，改革才能加快发展；不改革，就无法摆脱困境，就只能是死路一条。因此，我们一定要以更大的气魄、更大的决心和更有效的措施推进改革大业，掀起新一轮以改革促发展的热潮。”

除了积累它的美词佳句，更重要的是学习它的框架。这是一个概括式的结尾，即根据前面所讲的内容进行概括和升华，以结论的语气加重内容的分量，以求给听众留下深刻的印象。写作的形式可以概括为“总之，只有……才……，因此，我们一定要……”

三、挑大材料练手

材料千千万万，但一个人的精力却是有限的，不可能一篇一篇“文海战术”一样全部练上很多年，机关如此，企业也如此。如果可以选择，笔杆子们应该尽量挑大材料（即长篇材料）练手，大材料是极具锻炼价值的，从宏观的布局构思，到每一板块的整合提炼，再到详细内容的铺开阐述，无一不考验着文笔功底和眼界。

什么样的材料算得上大材料？除了个别特殊文体，一般来讲，由一人独立完成的材料，在两页纸（1000字）以上的都可以算是大材料。如果用讲话稿来衡量，领导讲话，正常语速大多数在一分钟300字左右，也就是说三分钟以上的讲话稿才算进入大材料的范畴。在公文当中，大多数讲话类公文（如发言稿、倡议书）、总结类公文（如调研报告、经验材料、工作总结）基本上都是大材料，有的报告总结甚至会多达几万字，而这些材料的内容无疑是全面而丰富的，写好它们，对于笔杆子的文笔和眼界都有非常明显的提升价值。

相反，有些难度并不大，偏向于循规蹈矩、按照行文格式填充内容的短材料，重复去写对提升公文写作能力来说意义不大，因此平时的精力可以不要放太多在这一方面。

此外，写材料练手的时候，只要时间允许，一定要高标准要求自己，从细节开始培养出良好的下笔习惯，多字斟句酌、精益求精，这样才能更快地提升自身的公文写作水平。

第四节

抓住领导“口味”的小妙招

一篇公文，目标受众范围可能很广，但如果站在职场晋升的角度来看，每一次的最终“客户”其实都是领导。不论是对外的公文还是对内的文书，笔杆子们只有写出符合领导口味、让客户舒心、让群众满意的材料，才能真正地将手中的笔转化为职场进阶的金钥匙。

一、分析把握领导的意图

除非笔杆子自己是单位一把手，否则除了一些例行的文书，很多时候我们写一篇文章，即使不需要走呈批，也都需要分析清楚领导的意图，思考明白这篇材料要表达什么主题，要解决什么问题，要采用什么方法和措施解决问题。把握好领导的用意，这样才能规避干了活却不符合领导的意图导致“又流汗又背锅”的情况出现。

然而，具体要怎么做才能准确把握领导的意图呢？

第一种方式是观察言行。《韩非子》中有这么一句话：“圣人见微以知萌，见端以知末，故见象箸而怖，知天下不足也。”意思是说优秀的人往往能够见微知著，拥有很强的洞察力。公文写作也是如此，笔杆子们平时要多留意、多观察领导的一言一行，多注意领导的思想观念和偏好，在工作中慢慢培养观察能力，了解领导偏爱的文风、关注问题的角度，能够做到第一时间明白领导的言外之意，这对准确把握领导的意图、找到写作方向非常有帮助。多去听听领导的会议，在平时有机会的时候，还可以和领导多沟通、多聊天。多与上级交流，既可以锻炼自己的沟通能力，还能够从领导的即兴讲话、临时反应中获知他的习惯和喜好。

第二种方式是身份辨别。如果负责把关的领导是主要领导，那么起草的材料，站位务必要高，要从全局出发，站在全局高度思考问题，这样更容易掌握领导的意图。如果负责把关的领导是分管领导，则需要把事项内容写细一些，从专项工作的角度切入去谋篇布局。

二、利用好领导的“花脸稿”

领导的“花脸稿”，指的是保留了领导核改痕迹的稿子，因为涂改痕迹往往比较“花”，因此这样的文稿被称为“花脸稿”。一篇“花脸稿”，常常是领导们办事思维的集中体现，圈圈画画中饱含着领导方法和工作艺术。

对于笔杆子们来说，初稿没有被改花变成“花脸稿”，可能意味着领导对文稿的认可，后续不用再改，皆大欢喜。而一旦变成“花脸稿”，就意味着要加班改稿、伏案苦思、奋笔疾书，很痛苦，但是如果好好利用领导的“花脸稿”，用心钻研，却也可以抓住领导的“口味”，因为它通常能够体现领导核改的过程甚至思路，是一次从领导视角观察认识工作全局的机会，这让领导意图有迹可循。

有的领导喜欢简单务实的风格，有的领导喜欢对仗工整的排比句，有的领导喜欢引经据典，还有的领导喜欢堆砌辞藻，这些通通都可以从“花脸稿”中得以窥探。

把领导的“花脸稿”当作“错题本”，研究琢磨、对照总结，用心分析领导为什么这样改，这样改的巧妙地方在哪儿，对笔杆子们后续的公文写作会有不少启发作用。从文稿的框架、观点等方面找差距、促提高，既能提升公文写作水平，也是提升自我职场进阶竞争力筹码的一种方式。

三、调整最称手的行文风格

掌握了领导的意图，学会了利用“花脸稿”，万事俱备只欠东风。铺垫之后，最重要的就是实践，将自己的行文风格调整为最称手又贴合领导口味的模式，在思想上与领导对接联通、同频共振，将文稿写到领导心坎上。

如果领导喜欢简单务实的文稿风格，可以多举事例，强调“事实说话”。

如果领导喜欢工整对仗的文稿，可以多使用排比对仗的金句，比如写党建讲话稿小标题的时候，可以套用这样的行文模式：“一是慎终如始抓好‘牛鼻子’，确保责任压实到位；二是坚定不移建好‘主阵地’，确保基础夯实到位；三是持之以恒筑好‘保障网’，确保任务落实到位。”

如果领导喜欢引经据典的文稿，可以多引用些应景的典文诗词，而且尽量采用一些小众的、非“烂大街”的内容，做到新颖、不落俗套。

对于喜欢堆砌辞藻的，可以经常灵活地放一些华丽的词句进文章里，佳句如“乘风破浪正当时，不待扬鞭自奋蹄”“百年奋斗，圆梦正在今朝；千秋伟业，百年只是序章”等，好词如“领头雁”“压舱石”“风向标”“行而不辍，未来可期”等，都是可以为文章增添亮色的。

当然，无论是哪一种行文风格，都要避免“假大空”和又长又虚的情况出现，不要为了凑篇幅而长篇大论，也不要为了显摆文采而东拉西扯，无论何时都应该尽量按照“短、实、新”的方式来撰写。

第五节

用文字提升工作“存在感”

当下，肯动笔、能动笔、会动笔的干部、职工不多，培养一个笔杆子很不容易，笔杆子已经是很多单位的稀缺资源，“一笔难求”现象时有出现，有的单位甚至经常到基层去“挖掘”执笔人才，笔杆子的重要程度可见一斑。但是，再重要的工作，也需要“包装”与“宣传”。如果只顾埋头去写，很难展现出笔杆子的独特价值。特别是在许多大企业、大单位，人数可能会多达三四位数，即使职位不少，竞争也很激烈，这时候如果笔杆子要在千军万马中杀出一条晋升之路，就必须用好手中的笔，以文字来提升工作在单位中的“存在感”。

一、加强沟通联动，让领导、同事意识到文书工作的重要性

不管是机关还是企业，随着经济社会的发展，在如今的知识付费时代，文书工作的重要性与日俱增。

譬如在当前炙手可热的互联网行业，在研发新的项目之前，都需要有需求文档与产品文档来让决策者参考，从而决定是否立项。越是复杂的项目，越需要文字来诠释规则与内涵，即使只是一个小小的互联网App，也需要通过大量的文字来让各方理解其中的意思，确保项目顺利开展，这个非常考验执笔者的文字表达能力。除此之外，平时的工作中无论是产品演示还是运作方案，都离不开文书工作。哪怕是在生活闲暇时光刷一下抖音，刷到以语音和视觉效果为主的视频，文字稿依然是提升吸引力的重要

抓手。

因此，笔杆子要学会利用公文写作这个利器，在工作中多向领导汇报进程，多与同事协调联动，多和下属、合作部门沟通商讨，树牢文书工作在大家心目中的重要形象，提升工作“存在感”，让大家潜意识里认可你的工作角色是至关重要的，对你以后的职场晋升百益而无一害。

二、强化岗位价值，让公文写作成为联系上下级的关键桥梁

“纤笔一枝谁与似？三千毛瑟精兵”，好的笔杆子，具有足够大的影响力，绝对能够成为联系上下级、推动工作平稳开展的关键抓手，在单位中存在感极强。要实现这样的效果，必须强化自我的岗位价值。

首先是格局要大。任何一篇公文写作，都需要考虑到涉及的方方面面，即便笔杆子的职位再低，也必须跳出自我，揣摩上级意思，该写的内容要写，不该写的内容一定不写，不确定的内容要再三斟酌、全盘考虑之后再下笔，确保文稿能够实现它最大的价值，发挥应有的作用。

其次是眼光要长远。即使暂时还做不到高瞻远瞩，笔杆子们也要对自己的文书工作有一个提前的规划，了解清楚手下的一篇稿子，在整个单位运作当中是什么样的定位，吃透相关文件要求，理清“前因后果”。比如你的单位有还未处理的历史遗留问题，如一批转业军官欠薪还未处理，领导让你写一封函与人社部门交涉。这时候你下笔就要将眼光放长远：一要确保转业军官的合法权益，二要维持单位间的和谐关系，三要展现出对单位和领导的历史工作的合理的态度。通俗来讲，即你写的函要尽量不得罪、不影响各方的声誉，又能够保障同事的权益，让公文写作成为联系各方的关键桥梁。

三、凸显不可替代，让所有人谈起大作家第一个想到的是你

最大的工作“存在感”，就是工作能力的不可替代性。如果能够让单位的领导、

同事在工作当中、在茶余饭后谈起大作家、大手笔，第一个想到的都是你，那你的存在感就已经达到了合格的笔杆子标准。

用文字凸显不可替代，一是业务要精，二是能力要强，三是范围要广。

业务精，即要精通自己所负责的文书工作，熟悉业务、熟悉政策、熟悉文件要求，起草的文稿表述精准、数据可靠，重大问题上不能有半点差错，能够独当一面。

能力强，即至少能够按时、按质、按量完成手头的任务，完稿效率高。特别是在一些务虚会议较多的单位，除了重要的长篇材料时间可能比较充足之外，日常许多材料像会议方案、总结汇报等，通常会要得很急或者同时要得很多，有的时候可能当天收到通知，当天就要拿出来，甚至要同时拿出成套的资料如领导讲话、主持词、议程等，还要保证文稿质量，加班加点也是家常便饭。因此提升效率是凸显能力强的一个重要方式，“又快又好”也是大家对你公文写作水平认可程度的一种衡量办法。

范围广，即知识储备要广，文书技能要多。如果是在业务比较单一的单位，对知识储备的要求不太高，可能平时搜搜查查也能应付得来，但如果是在党政机关担任笔杆子，材料内容涉及面有时很广，政治党建、民生经济、生态三农工作等各方面可能都有所涉及，如果知识面不够广，写起来速度极慢，质量也难以保障。与此同时，公文的种类繁杂，单单《党政机关公文处理工作条例》确定的公文种类就有15种：决议、决定、命令、公报、公告、通告、意见、通知、通报、报告、请示、批复、议案、函、纪要。作为笔杆子，如果会写的文种太少，在职场是难以迈开脚步的。

第六节

以写作风格擦亮身份名片

笔杆子的晋升，有时候并不局限于一个单位。打造个人独一无二的公文写作风格，擦亮独有的身份名片和标签，既有利于增进单位内部领导、同事对你的认可，也有助于增多外界单位的潜在伯乐对你的了解和赏识。每个人的文笔特点都不一样，雕琢公文写作风格，可以从以下三个方面去下功夫。

一、巧用比喻体现“华丽”

公文写作和散文、小说等写作不一样，在实际工作当中，通常不会有过多的煽情的片段和绚丽的辞藻，因为公文写作重在务实，所有的文采全部是以实现工作的目的为核心的，首先要确保工作的顺利开展。因此在公文写作当中，最常见又最实用，能够让听者、读者激发兴趣，能够被贴上“文采华丽”的标签的方式，就是利用比喻的修辞手法，当然，这就要求我们平时要多积累。

比如公文写作中，压实责任、强化担当精神，可以引用“责任田”“领航员”“排头兵”这些比喻的词语；写学习、自我提升，可以运用“学习针”“理论液”“清醒剂”等词语；写问责、加强思想教育引导，可以用“监督镜”“问责刀”“教育钳”；写治国理政、基层治理，可以用“治国犹如栽树，本根不摇则枝叶茂荣”“基层是政策贯彻落实的神经末梢和毛细血管，基层健康，根系发达，则效力倍增；基层瘴疾，风气歪斜，则事倍功半”等。巧用比喻润色文章，可以“简单粗暴”地让读者或者听众直观感受到文章的华丽气息。除此之外，多使用一些成语、谚语、诗词，多加修饰，同样可以起到不俗的效果，比如“壮士断腕的决心”“破釜沉舟的勇气”“‘咬定青山不放松’的韧劲”“‘不破楼兰终不还’的决心”“‘俯首甘为孺子牛’的情怀”等，这些都可以擦亮你的笔杆子名片，与其他人区分开来。

二、简要充实彰显“大气”

如果不擅长走“华丽”路线，则可以尝试一下精简朴实的风格。语言简练，一点都不拖泥带水，内容充实，直指问题核心，一针见血，这样的文风更显大气。具体的遣词、造句、行文的窍门，本书会在后面的第二章细讲，简单地来讲，要彰显大气的风格，可以多运用短句，多用三字、四字、六字的词语组合，结合简要充实的内容，连贯下来气势磅礴。

比如写基层减负主题的材料，想描写减负的目的，可以这样写：

目的是让领导干部腾出身子、沉入基层，办好民生实事。（短词短句，下同）

想写整治形式主义问题的措施，可以这样写：

坚持靶向督导，强化担当作为。
制定权责清单，明确各方职责。
察实情、听真话、取真经，不作秀、出真招、下实策。
领导干部要做到勤下基层、不打招呼、不讲排场。
少一些锦上添花、花上垒花的虚功，多一些笃行担当、纾难解困的实绩。

如果要写干事创业的，则可以用这样的排比短句：

大道至简，实干为要；创业维艰，奋斗以成。

要注意的是，短小精悍的遣词造句模式固然重要，但更重要的是要言之有物、内容充实、见解到位，才能取到较好的效果。

三、引经据典凸显“内涵”

如果文风不够华丽，平时撰写的内容也欠些火候，那么引经据典填充文章，是提升文章内涵的一个重要手段。比如在公文写作当中引用名人名言、古诗词、典故等，运用得当可以有画龙点睛的效果，让整篇稿子产生质的变化。

引经据典的前提是素材积累要够，因此笔杆子们平时要多读书、多做笔记、多思考。比如习近平总书记的讲话便是金句频出，如“不驰于空想，不骛于虚声”“民之所忧，我必念之；民之所盼，我必行之”等。在这里，跟大家分享四个方面的金句。

1. 信念方面

苟利国家生死以，岂因祸福避趋之。

天行健，君子以自强不息。

雄关漫道真如铁，而今迈步从头越。

石可破也，而不可夺坚；丹可磨也，而不可夺赤。

志之所趋，无远弗届，穷山距海，不能限也。

2. 法治建设方面

法令行则国治，法令弛则国乱。

法者，治之端也！

天下之事，不难于立法，而难于法之必行。

3. 反腐倡廉方面

祸患常积于忽微，而智勇多困于所溺。

公生明，廉生威。

物必先腐，而后生虫。

奢靡之始，危亡之渐。

猛药去疴，重典治乱。

4. 民生方面

政之所兴在顺民心，政之所废在逆民心。

治政之要在于安民，安民之道在于察其疾苦。

民之所向，施政所向。

第二章

牢记“四要”，打通公文写作任督二脉

公文写作种类繁多、形式各异，但无论是在机关单位还是企事业单位，无论是在实际工作还是应试考试当中，它们却有共通之处。不管什么类型的公文写作，核心要领都讲究“四要”——内容要实、遣词要精、行文要简、受众要准。是否遵循这四点，是评判一篇公文合格与否的重要标准。

第一节

内容要实

公文写作，是公文工作的核心内容，是推动相关工作任务顺利开展必不可少的环节。它可以写出春华秋实，可以写得风起云涌，但所有的内容都必须实事求是，立足于解决实际问题，才能达到推动工作落实的目的。内容的“实”，是公文写作的灵魂，其主要体现在三个层面。

一、真实是一切的前提

机关单位或其他社会组织的公务活动中，没有真实性就没有权威性，就会丧失它的作用。只有做到实事求是，一切从实际出发，分析问题客观、公正、全面，不去歪曲客观事实，才能真正地推动工作落到实处，否则不仅可能会沦为一纸空谈，甚至还会引发“副作用”，造成负面影响。

因此，保证我们所写内容的真实性，是一切的前提。一是要有一说一，如实地把客观存在的事实写出来，既不夸大成绩，也不掩饰问题；二是要认真负责，确保观点准确、数字无误，既不能有多余的加工，也不能粗枝大叶、含糊其词，所写的内容要经过调查核实，不能道听途说甚至胡编乱造。

举个例子，假如要你给市领导写一篇在招商引资推进会上的讲话稿，你需要做哪些准备？

首先要明确领导这次讲话所涉及的范围，譬如招商引资可能会涉及资金、人才、土地这三个重要因素。其次是准备素材，如果要在推进会上讲过往成绩和下一步工作计划，这就必须要从相关的部门，如组织部、财政局、商务局、自然资源局等单位拿到实打实的数据和相关报告，才能保证你能够做到“有一说一”，在讲话稿中阐述事实。第三步是在写材料时认真负责。对于存疑的内容，要积极问询有关部门，确保数据精准、真实有效，不能断章取义、随意曲解。

二、言之有物是文章的意义所在

如果说谋篇布局是公文的骨架，那么内容就是公文的血肉。写作要实现“有血有肉”，内容就必须充实，要言之有物，切忌花里胡哨、空洞虚浮，杜绝假大空，从而提高工作效率和工作质量。特别是公文写作当中的调研报告，一定要在认真调研中获取丰富的素材和充分的论据或者数据，写出来的这份调研报告才更有说服力。

当然，言之有物不是一味求多。

在撰写文章的时候，要选择与我们所要表达的中心思想息息相关的有代表性的材料，筛选需要的重要事件、具体事例、详细数据，追求既能反映事实又能以小见大的效果。

这就要求笔杆子们平时不能“两耳不闻窗外事”，要熟知时事，善于见微知著，善于捕捉新动向，及时发现鲜活典型，懂得深入思考、概括提炼经验，揭示深刻道理。

譬如给单位写一篇经验总结，就要总结过往案例，透过表象看本质，发现值得推广的经验做法，从而推动其他人或者其他单位将该任务做好，协调联动，形成工作合力。

三、贴合实际的观点才有可行性

公文最大的特点是对各项工作、政务管理及公务活动具有指导性，因此在文章当中提出的所有观点，都务必符合实际情况，不能脱离实际工作，这些观点才有可行性。

在我们写作过程当中，首先，要明确思路，以解决实际问题为出发点，提炼观点、提炼措施都要突出实用性；其次，各种观点要经过推理和论证，符合一定的思维和逻辑，不能想当然，必须要有理有据。比如部署工作的、带有明显的指示性质的公文，部署的对策就要写得具体实在、切实可行，有很强的针对性、可操作性，拿准定实。每一个对策的提出，我们都要充分考虑各种条件的影响与制约，在人、事、物上都要具备现实可行性。此外，在写对策的时候，一般还要明确对策对象、执行方法等，要压实责任，不能泛泛而谈，避免造成职责不清、落实不力的现象。

那么，具体应该如何去提炼观点呢？

总的来说就是要抓本质。重点要抓好本质上存在的主要问题，认真进行研判，做到有的放矢、靶向解决。这方面的能力需要笔杆子们长期地学习和积累，最高效的方法就是紧跟中央步伐，认真学习贯彻有关精神。例如2022年10月召开的党的二十大，会议报告全文并不长，但所提的观点都十分精准地抓住了我国当前最需要完成的一些工作。如在人才方面，报告提出“深入实施人才强国战略，坚持尊重劳动、尊重知识、尊重人才、尊重创造，完善人才战略布局，加快建设世界重要人才中心和创新高地，着力形成人才国际竞争的比较优势，把各方面优秀人才集聚到党和人民事业中来”；在法治方面，报告强调“我们要完善以宪法为核心的中国特色社会主义法律体系，加强宪法实施和监督，加强重点领域、新兴领域、涉外领域立法，推进科学立法、民主立法、依法立法”；在环境保护方面，报告点明“必须牢固树立和践行绿水青山就是金山银山的理念，站在人与自然和谐共生的高度谋划发展”……这里不再一一列举。党的二十大报告文字精当、言简意赅，抓准了本质问题，是一篇非常有参考价值的典范公文。

此外，还要因地制宜。观点中的具体举措或办法，要根据实际情况灵活提出，级别高的单位站位高，材料中提出的举措或办法必须有更大的视野，做到统筹与协调；基层的单位工作相对会细致一些，材料中提出的举措或办法往往要更具体、更有针对性。

只有这样，我们才能保证一篇公文的实质分量。

第二节

遣词要精

公文写作与普通的文学创作不同，它存在的意义是为了更好地开展工作。在用词方面，“精”是公文写作的撰写要领，主要体现在以下三点。

一、遣词精准

公文写作要用准确的语言文字来表达文稿的意图，特别是在国家行政机关，如实高效地传达发文机关的真实意图，有利于全盘工作的顺利开展。文书用语一旦不准确，轻则损害政府公信力，重则带来不可预估的恶劣后果。

要做到遣词精准，词语的运用要十分严谨，用语周密确切、无虚假错漏，语意明确。

一要做到实事求是。这是笔杆子们的执笔原则。公文反映的是客观事实，它涉及的人物、事件、时间、地点、起因、结果、影响等必须绝对准确，不能弄虚作假、吹嘘溜屁，否则容易引发后续不好的影响。要符合逻辑，防止“以偏概全”。

二要做到词义贴切。要选用含意明确、范围限定的词语，正确区分词语间性质、定义和程度的不同来使用，不能出现歧义词，褒贬得当、符合实际，准确地表述概念的内涵和外延，揭示事物本质。特别是对同义词、近义词的细微差别一定要辨别清楚，不可含糊。

三要杜绝错字。文字要准确，有时写错或用错一个字，意思可能就会完全不同，所谓“一字入公门，九牛拔不出”，一定要慎之又慎。

譬如在平时的呈批当中，请领导“审示”和请领导“阅示”，虽然只有一字之差，但意思却完全不一样。请领导审示，指让上级领导对呈批的文件进行复核，并给予指示，这种情况呈批的文稿可能会打回修改；而请领导阅示，则是请领导阅读文件并给予办理指示，一般会直接指示接下来如何处理某件事情，不会将呈批文件打回重改。通常情况下，审示的环节通过后再到阅示，阅示的领导级别往往比审示的领导级别要高。因此即便只有一字之差，在公文当中也不能混用词语，遣词要精准。

二、遣词精练

“精练”，通俗点来讲就是简明通顺。公文写作的遣词造句，理应以简洁、明确的文字表述出丰富的内容，做到“言简意赅”。因此在公文写作的过程当中，笔杆子们应当尽量选用含义丰富、准确的概括性词语，有利于精练用词。

当然，要做到遣词精练，还需要后期不断地反复斟酌、修改完善，去掉繁杂字词，促使文章更加精练。

与此同时，词语的使用要合乎规范。比如，公文写作中常用的起首语大体分为四种：第一种是表目的的，如“为”“为了”等；第二种是表根据的，如“按照”“根据”等；第三种是表原因的，如“鉴于”“由于”等；其四种是表态度、方式的，如“兹定于”“兹有”“兹介绍”等。还有，引叙语常用“现将”等，表态语常用“同意”“拟同意”等，询问语常用“妥否”等，结尾语常用“特此报告”等。诸如此类，都需要按照规范使用，不要为了精练而随意更改。

要做到遣词精练并不容易，特别是对一些刚刚入门的笔杆子来说，前期可能要经过很多次训练，在形成精练的思维和不断积累素材的同时，不断强化语感，日后才能慢慢熟练。

三、遣词精彩

“精彩”是公文遣词层面难度最高的一点。在公文写作当中，朴实得体是绝大多数情况下的要求，但是对于部分文体，却要求在有限的篇幅内、既定的框架下表达出引人观赏、精彩绝伦的效果。

例如感谢信。感谢信讲究精巧，用词精雕细琢、富于变化，在表达方式上有的地方要展现情真意切，有的地方要写得庄严郑重、富有气势。在这里给大家分享一篇某县级市政府的感谢信范文。

感 谢 信

××市疾病预防控制中心：

××月，我市疫情防控形势严峻复杂。贵单位在百忙之中第一时间伸出援手，星夜奔赴我市，在抗疫一线**迎难而上、奋勇战斗**，在紧急关头为××注入了必胜的信心与决心，用实际行动诠释了你们的家国情怀和责任担当，展现了**患难与共、众志成城**的人间大爱。这份同舟共济的真情厚谊，我们收下，我们永远铭记。此时此刻，无论你们身在何处，无论你们在为何事忙碌，中共××市委、市政府谨代表××万××市人民，以“见字如面”的方式向你们表示最衷心的感谢，致以最崇高的敬意！

岂曰无衣，与子同袍。自××月××日以来，贵单位××等34位同志情牵××，深入我市抗疫一线，夜以继日负重前行，参与流调溯源、核酸采样等疫情防控工作，为疫情防控把牢关口。正是因为他们的及时支援，××的核酸检测、流调等工作的紧张状况才得到有效缓解，极大程度地鼓舞了××人民抗疫的士气。

草木蔓发，春山可望。在贵单位的帮助下，我市疫情防控形势持续向好，防控工作已取得阶段性成效。我们坚信，有党中央的坚强领导，有省委、××市委的周密部署，有兄弟县（市、区）和社会各界的**鼎力支持**，有全市人民的**勠力同心**，××一定能够夺取疫情防控的最后胜利，重新焕发历史文化名城的风貌与生机。我们会把贵单位的关心帮助转化为前行的动力，以最佳的状态去落实好防控工作，不负你们的情谊，不负××人民的期盼。

诚挚邀请贵单位全体干部职工，待疫情过后，再来××看一看××的自然景观，品一品一方特色、尝一尝古城美味。

再次衷心感谢贵单位的无私帮助！祝愿贵单位全体领导干部职工工作顺利，前程似锦！

中共××市委

××市人民政府

××××年××月××日

像这篇感谢信，内容中就有很多可圈可点的精彩遣词（已在文中加粗），像“迎难而上”“奋勇战斗”“鼎力支持”“勠力同心”，这些词语虽然不算华丽，但是用在文中恰到好处，将感谢信中的丰富情感表现得淋漓尽致，值得我们参考借鉴。

显然，遣词如果要达到精彩的程度，需要笔杆子们方方面面的磨炼，包括对行文的把控，对词汇的积累，对读者和听众情绪调度的技巧等，这些都要在日常工作中多加锻炼。

第三节

行文要简

历史上，白话文取代文言文，很大的一个原因就是前者撰写交流比后者简单便捷。在如今信息化办公普及的工作大环境中，公文写作面临着效率提升的新要求，简明扼要的文稿有助于减少发文单位的撰写时间，方便收文机关迅速阅读、处理，提高收、发双方的工作效率。本节内容是前一节“遣词要精”的延伸。无论是在机关单位还是企事业单位，无论是内部办文还是对外发文，公文写作的行文都讲究一个“简”字。

一、杜绝盲目堆砌辞藻

有的笔杆子特别是先前写惯了诗歌、散文的，在撰写公文时有时候喜欢显摆文字功底，运用大量的华丽字词，不管它们合不合适，就堆砌到文章中，没有紧紧围绕文稿主旨。使用大量华丽而无用的词语，写到兴起甚至生搬硬造自创词语，加长篇幅，乍一看水平很高实际却华而不实，经不起推敲，除了偏离了公文的主旨和实用性之外，也容易让读者无心阅读、听众无心聆听，掌握不到中心思想，甚至理解出现偏差。从本质上来看，这某种程度上也是执笔者的“形式主义”的一种体现，无端耗费精力，却耽误了实际问题的研究解决。

因此，要写出一篇合格的公文，必须杜绝盲目堆砌辞藻，坚决摒弃矫揉造作之风。语言生动固然重要，像“撒手锏”“助推器”“吸铁石”“凯旋门”“试金石”这些词汇适当地运用，可以形象生动地去描绘事情，但不能为显摆文笔迫使文稿主题让步于“粉饰”、内容服务于语言，不能生造词句只图对仗工整。

除非是领导有特殊要求，否则一般情况下都要避免出现上述的情况。

二、杜绝滥用空话、套话

公文写作经常使用空话、套话，是很多笔杆子的通病。有些单位的公文翻来覆去总是那么几段话，改来改去、抄来抄去。空话、套话，大多是之前说了很多遍的陈词滥调，在很多时候、很多场合都不会出错的语言，或者上级怎么写，就怎么抄，兄弟单位怎么写，就怎么套，不想创新，不费脑力，不用知其然还要知其所以然，有“放之四海皆准”的适配性，但这通常意味着失去了针对性，空话连篇，言之无物，无的放矢，不看对象。

归根结底，有的是因为懒得思考，有的是因为读惯了空话、套话，有的则是“手中无粮”。除了笔杆子的文笔水平因素之外，还有可能是因为笔杆子对情况了解不深，只好讲一些模糊化的概念，停留在表面写一些通用式的内容，写会议必写“重要”，写闭幕必写“胜利”，写道路必写“曲折”，开篇动辄扯一大段“重要意义”，结尾吹一大块“摆在突出位置来抓”，用司空见惯的大话、空话、套话充数、唬人，下笔千言，却大多是重复过去语、重复他人言，把笔墨浪费在文稿的“穿靴戴帽”上。

一篇合格的文稿，要把自己的观点摆进去、将工作摆进去。政府公文、企业文书的根本目的都是要解决问题，因此下笔必须立足于解决实际问题。经常动不动就套用官话、空话是没有实际意义的，不如不说，写短一些，行文简练一点，腾出更多时间来办实事。

三、杜绝啰里啰唆、废话连篇

《明史》中记载着这样一个故事：

茹太素……七年五月召为刑部侍郎。……陈时务累万言，太祖令中书郎王敏诵而听之。……帝怒，召太素面诘，杖于朝。次夕，复于宫中令人诵之，得其可行者四事，慨然曰：“……朕所以求直言，欲其切于情事。文词太多，便至荧听。太素所陈，五百余言可尽耳。”因令中书定奏对式，俾陈得失者无繁文……

明朝的刑部侍郎茹太素上书给明太祖朱元璋，写了1万字，朱元璋听完后很生气，说茹太素讲的1万字，啰里啰唆的话太多了，让听者思路混乱，明明500多字就可以讲明白的。朱元璋因此命令中书省定了上奏公文的格式，避免出现废话连篇的长篇大论。

在我们如今的时代，相比古代更讲究沟通效率，公文写作更要紧扣主题，废话、模糊的话、重复的话要全部剔除，行文务必简洁、准确、凝练，突出主旨内容，拧干可说可不说的“水分”，留下“干货”。空有口号的“强调意义”不如直接讲措施的“一针见血”，拖泥带水、讲个没完没了的稿子只能流于形式，难以取到应有的效果，甚至还会让人反感。篇幅不求长，话不求多，行文关键在精、在简，用简洁的语言表达复杂的工作内容，是一个笔杆子应具备的能力，也是笔杆子们职场进阶的制胜法宝之一。

第四节

受众要准

任何一篇公文或者企业通用文书都有它的目标受众，谁接收文稿，谁阅读或聆听文稿，谁就是受众之一。能否实现一篇文稿的价值，发挥它的作用，取决于该篇文稿能否顺利取得受众的认可。因此，要写出一篇出色的公文，必须要有准确的受众定位，服务好受众对象。

一、内容让受众读得懂

让读者看得懂，让听众听得懂，是一篇公文最基本的要求。无论是多么天马行空的文采，多么复杂曲折的内容，都应该用通俗易懂的方式体现出来，别让受众云里雾里、一知半解。

因此，笔杆子们在撰写文稿的时候，应该紧扣主题，学会换位思考，站在受众的角度，考虑如何写才能让受众读得懂、理解透，如何写才能更高效地发挥这篇文稿的作用。

怎么才能写得更容易让受众读得懂呢?

一是找准核心表达内容。只有找准核心内容，才能确保写到点子上，所有的文字都为这个核心内容做铺垫、做阐述，不跑题、不偏题，不让受众误解。

二是叙事不过分绕弯子。公文写作可以铺垫，可以委婉，但整体叙事方式应该是单刀直入、不过分绕弯子的，要让受众读过之后能够第一时间明白想表达的主旨是什么。

三是换位思考。要学会考虑受众的身份特点等方面的因素，抓住受众的心理，选择合适的表达方式。例如你帮助领导代表市委、市政府写慰问广大医护工作者的慰问信，那么你就要先了解他们的贡献与付出，从他们的身份特点切入分析，为受众去写，落脚点放在受众身上，争取写到大家的心坎里，做到“适销对路”，让大家能够很容易地读懂慰问信，产生思想共鸣，这样才能凸显慰问信的作用。

二、能准确体现组织意图

大多情况下，除了个人的申请书等少数文稿之外，很多时候公文写作都是代表单位、帮助领导来写的，笔杆子们通常只扮演着执笔者的角色，文稿中要体现什么样的意图，关键在于组织，在于领导。

因此，在下笔的时候，不能“打开Word就是干”，要理解透彻组织的意图，构思好如何才能将组织意图贯穿到这篇文章当中。

比如前面举的例子，代表市委、市政府写慰问广大医护工作者的慰问信，那么你就要理解透彻领导慰问的意思。慰问信，是向对方表示关怀、慰问的信函，要带着感情去写。人与人的情感是相通的，我们只有把群众放在心上，群众才会把我们放在心上，情注笔端，才能引起共鸣、感动别人。此外，还要根据领导的职务（全市一把手）拔高站位，根据领导的个性风格去选择框架的搭建，再根据领导平时的工作思路和对这个稿子的具体要求，去填充完善这篇慰问信，这样写出来的东西自然而然就可以准确地体现组织的意图了。

三、受众的定位务必准确

公文写作受众要准，前面说的“内容让受众读得懂”“能准确体现组织意图”都是校正受众的一个辅助手段，较为关键的方法，是笔杆子们要对将要撰写的文稿的受众进行判断。一定要搞清楚公文写给谁看、念给谁听，是领导干部还是普通群众，是单位还是个人，是上级组织还是兄弟单位，抑或是下级机关，不同的受众定位，采取的写作方式是大相径庭的。

如何让受众的定位更加精准呢？

一是分清类型。根据文稿的类型，结合领导交代的具体情况、手头的素材去判断，如果是汇报等会议材料，还可以参考会议议程安排或者方案，看看与会人员有哪些。

二是分清场合。任何文章都不能不分场合，千篇一律一种风格写到底，所谓“到什么山唱什么歌”，同样的内容，在不同场合所采取的表述方式可能截然不同。例如，作为市委书记，在辖区部署工作，面对市内领导干部和群众的讲话方式可以雷厉风行一点；而如果是去省里发言，则需要谨慎客气一些，因为不同的场合受众身份完全不一样。

第五节

几种重要的公文类型

前文提到过，公文写作的“公文”是指公务文书，狭义上的公文指的是法定公文，而广义上的公文，则是指机关单位、企事业单位等依法成立的社会组织用来办理公务、有一定格式的应用文。换句话来说，公文就是按照特定的格式、经过一定的处理程序形成和使用的书面材料，在机关单位、企事业单位中是一个非常重要的存在，包括日常工作当中的上传下达、处理问题、反映情况、交流经验、商洽沟通等，都需要用到公文。这其中有几种重要的类型，需要笔杆子们熟练掌握，本节带大家大致通览一遍，后面几章再细讲。

一、讲话类公文

讲话类公文包括领导讲话稿、主持词等诸多类型的文稿。讲话类公文，在机关单位中是较为常见、较为重要的一种类别，像平时的一些动员会、推进会、总结会等重要会议，无一不运用到讲话类的公文，重点要把握好“我是谁”“我在哪儿”“谁在听”“讲什么”“怎么讲”这五个点。讲话类公文范文如下（部分内容省略）。

弘扬伟大建党精神　砥砺奋进再开新局

——在“七一”重要讲话精神专题学习会上的讲话

中共Z市委书记　××

（××年××月××日）

同志们：

今天我们召开这次专题会，主要目的是深入学习宣传贯彻习近平总书记在庆祝中国共产党成立100周年大会上的重要讲话精神，落实好省委十一届十三次全体会议相关安排部署。下面结合我市实际，我讲几点意见。

一、提高政治站位，深刻领会“七一”重要讲话精神

（一）“七一”重要讲话是一篇马克思主义纲领性文献……

（二）“七一”重要讲话是不忘初心、牢记使命的政治宣言……

（三）“七一”重要讲话是带领人民以史为鉴、开创未来的行动指南……

二、聚焦核心任务，深入推进省委部署安排落实落地

（一）聚焦形式创新，传承红色之魂。突出本地特色，用好用活我市红色资源……

（二）聚焦队伍建设，增强斗争之力。加强新时代干部队伍政治能力建设……

（三）聚焦民生改善，担当为民之责。结合“我为群众办实事”，聚焦群众“急难愁盼”，扎实推进我市民生工作取得新成效……

三、强化组织保障，确保学习宣传贯彻工作取得实效

（一）压紧压实责任。各级党委（党组）要切实负起主体责任……

（二）营造学习氛围。推动讲话精神进机关、进农村、进社区、进校园……

（三）加强指导督导。定期开展督导检查……

同志们，“江山留胜迹，我辈复登临。”习近平总书记“七一”重要讲话精神是固根涵源的营养液、鉴往知来的航向灯，让我们从中汲取奋进的力量，奋力开创我市现代化建设新局面。

二、总结类公文

总结类公文包括调研报告、情况汇报等文体，与讲话类不同的是，总结类公文不仅在机关单位中比较常见，它也经常出现在企业、群团组织等。总结类公文范文如下

（部分内容省略）。

L县推进乡村振兴工作情况调研报告

乡村振兴战略是新时代“三农”工作总抓手。近日，Z市委办成立调研组，通过实地走访、发放问卷、召开座谈会等方式对L县推进乡村振兴工作进行了调研，现将有关情况报告如下。

一、主要做法

（一）坚持高位推动，规划水平不断提高。L县成立了乡村振兴工作领导小组……

（二）坚持产业引领，转型升级成效显著。L县狠抓农业产业转型升级……

（三）坚持组织引领，队伍建设不断夯实。紧紧围绕聚精会神抓党建、一心一意促脱贫的工作思路……

（四）坚持生态优先，人居环境不断改善。L县以整治农村环境脏、乱、差为突破口……

二、存在的问题

（一）人才缺失严重。在唯学历、重文凭、不重技能的大环境下，农业专业技术人才缺乏……

（二）产业发展薄弱。农业基础设施不完善……

（三）资金保障有限。政府投资有限……

三、对策建议

（一）扎实推进乡村人才振兴。一是聚焦人才引进……二是聚焦人才培养……三是聚焦党员引领……

（二）扎实推进乡村产业振兴。一是注重品牌带动……二是注重业态培育……三是注重农村高质量发展……

（三）扎实推进乡村资金支撑。赋予县级更多资源整合使用的自主权……

三、计划类公文

计划类公文也是公文写作中的常见文体，方案、计划等许多体裁都属于计划类公文。计划类公文范文如下（部分内容省略）。

G省贯彻落实中央生态环境保护督察报告整改方案

近日，中央第×生态环境保护督察组向我省反馈了督察报告，指出了存在的突出生态环境问题，并对下一步工作提出了意见建议。为确保问题整改落实到位，制定本方案。

一、总体要求

坚持以习近平新时代中国特色社会主义思想为指导，深入贯彻习近平生态文明思想，坚持“党政同责、一岗双责”，统筹兼顾、协同增效，实事求是、分类施策，“当下改”与“长久立”相结合的基本原则，以督察反馈问题整改为契机，深入打好污染防治攻坚战……

二、存在的问题及相关整改措施

（一）一些领导干部对生态环境的重要性和高水平保护的紧迫性缺乏足够认识。整改措施：牢固树立“绿水青山就是金山银山”的理念。深刻认识生态环境的重要性和高水平保护的紧迫性……（责任部门：××；整改时限：××××年××月）

（二）保护仍存在短板，沿江化工企业布局优化调整不到位，水环境基础设施短板明显。整改措施：强化生态保护修复。进一步优化沿江产业布局……（责任部门：××；整改时限：××××年××月）

（三）部分湖泊生态保护不力，一些地方湖泊保护规划未编制，保护措施不到位。整改措施：加大湖泊生态环境保护力度。各地加紧编制详细规划，严厉打击侵占水面行为……（责任部门：××；整改时限：××××年××月）

（四）生态破坏问题多发，长期存在非法挖山采石问题，一些石材开采企业重开采轻修复，生态修复不到位。整改措施：深入打好污染防治攻坚战。推进大气污染防治，加强工业园区规范建设和依法监管……

三、保障措施

（一）加强组织领导。省委、省政府成立督察整改工作领导小组，统筹推进督察问题整改。各地、省直相关部门成立领导机构，细化落实整改措施。

（二）健全整改机制。成立省督察整改工作专班，通过定期调度和现场核查，及时掌握整改进展，对整改任务实行台账式管理，严格验收销号。

（三）严肃责任追究。加强跟进监督，对整改工作中出现的敷衍整改、表面整改、虚假整改等形式主义问题，依规依纪依法追究相关单位和人员责任。

四、新闻类公文

相比其他文体，新闻类公文写作难度不高，但是在公文写作当中，也是属于高频出现的一种文体类型，如简报、政务信息等，笔杆子们要做到烂熟于心。新闻类公文范文如下。

领导干部要在“绣花”功夫中树牢文化自信

“中华文明源远流长、博大精深，是中华民族独特的精神标识，是当代中国文化的根基，是维系全世界华人的精神纽带，也是中国文化创新的宝藏。”近日，中共中央政治局就深化中华文明探源工程进行第三十九次集体学习，习近平总书记在主持学习时做了重要发言，强调要把中国文明历史研究引向深入，推动全党全社会增强历史自觉、坚定文化自信。

文化自信，是一个国家、一个民族发展中最基本、最深沉、最持久的力量。井冈山八角楼的历史荣光，兵马俑铜奔马的飘逸俊美，三星堆象牙片上的古蜀文化……在漫长的历史进程中，巍巍中华筚路蓝缕，跋山涉水，走过了不同于世界其他文明体的发展历程，书写了宏伟的中华优秀传统文化，留下了动人的中华文明瑰宝。树牢文化自信，广大领导干部义不容辞、重任在肩。但中华优秀传统文化的传承弘扬任重道远，绝非一朝一夕之功，需要广大领导干部沉下心来，下一番扎实的“绣花”功夫，做到持之以恒、久久为功。要在考古工作中下“绣花”功夫。积极推进文物保护利用和文化遗产保护传承，挖掘文物和文化遗产的多重价值，加强对出土文物和遗址的研究阐释和展示传播，拉近考古成果与公众的距离，讲好文物故事，展示中华文明灿烂成就，丰富全社会的历史文化滋养，提升中华文明影响力和感召力，涵养文化自信根基。要在旧城改造中下“绣花”功夫。将老旧城区改造提升同保护历史遗迹、保存历史文脉统一起来，一边进行原样修复，一边进行改造提升，做到“修旧如旧，建新如故”，将历史文化和现代生活融为一体，推动中华优秀传统文化同社会主义社会相适应，让老城区既焕发新活力，也有着“乡愁”的延续。要在宣传教育中下“绣花”功夫。不断创新宣传方式，多运用具有互动性的线上载体，多组织沉浸式、体验式的线下活动，提升红色文化的吸引力和感染力，着力讲好党的故事、革命的故事、英雄的故事，丰富人民群众的党史“课堂”，推动党史学习教育走深走实，更好发挥以史育人作用，传承红色基因、赓续红色血脉。

习近平总书记强调：“要营造传承中华文明的浓厚社会氛围，广泛宣传中华文明探源工程等研究成果，教育引导群众特别是青少年更好认识和认同中华文明，增强做中国人的志气、骨气、底气。”只要广大领导干部保持定力，在文物和文化遗产保护传承工作、宣传引导工作中下足“绣花”功夫，不麻痹、不松劲，我们必能在中国特色社会主义道路上树牢文化自信，加快全面建设社会主义现代化国家、实现中华民族伟大复兴的胜利步伐。

五、信函类文书

信函类文书包括联系函、请批函等文体在内，是日常的文书工作中一种重要的大类，前文提到的慰问信、感谢信也属于这个范畴。信函类文书范文如下。

国务院办公厅关于同意调整完善
非物质文化遗产保护工作部际联席会议制度的函

文化和旅游部：

你部《关于调整完善非物质文化遗产保护工作部际联席会议制度的请示》（文旅非遗报〔2021〕200号）收悉。经国务院同意，现函复如下：

国务院同意调整完善非物质文化遗产保护工作部际联席会议制度职责和成员单位。联席会议不刻制印章，不正式行文，请按照有关文件精神认真组织开展工作。

特此函复。

国务院办公厅

2022年1月26日

除了上述各类公文之外，在单位里平时还会用到很多通用文书，如礼仪类文书、法律类文书、财务类文书等，后续会详细讲解。

第三章

讲话类公文写作实战技巧及模板

讲话类公文在公文写作中十分常见、极其重要，类型主要有讲话稿、发言稿、致辞稿、倡议书等。

第一节

讲话稿写作实战

讲话稿分为广义的讲话稿和狭义的讲话稿，广义的讲话稿范围较广，包含所有的讲话类公文。在这一节，我们主要讲狭义的讲话稿。狭义的讲话稿主要指领导人在会议上用于口头发表的、带有一定指示性或指导性的文稿。

在工作中，重要的会议一般要有领导讲话、代表发言等，讲话稿是一种频繁使用的会议文书。

从文体的特点上看，讲话稿的特点主要有两点：一是主旨鲜明，重点突出；二是语言通俗，表达生动。从类型上看，领导讲话稿的类型可以概括为三种：一是宣传鼓动性讲话，比如，在成立大会、誓师会、动员会、庆祝大会等大会上，运用较多的是宣传鼓动性讲话；二是分析指导性讲话，比如市委、市政府布置中心工作或研究某一重大问题的会议，运用较多的是分析指导性讲话；三是总结评论性讲话，平时的总结会、表彰会、经验交流会以及大会闭幕式上的领导讲话，往往多属于总结评论性讲话。

写讲话稿，首先要定好文章的结构。简单地说，讲话稿的结构主要包含“五大件”，即“标题、姓名、日期、称谓、正文”，正文里面又包括开头、主体、结尾部分，典型框架如下。

在××会议上的讲话　　（标题）

×××　　（发言人姓名）

（××××年×月×日）　　（日期）

称呼部分：比如“同志们”。（称谓）

开头部分：点明主题、交代背景，阐述这次会议主要任务。（正文）

主体部分：按照一定逻辑规则开展会议主题，阐述讲话内容。（正文）

结尾部分：发出号召、提出希望、展望未来等。（正文）

（一）标题

讲话稿的标题，一般采用单标题和正副式标题两种方式。选择的字体往往是大或小标宋简体二号字。

单标题的模式，大多是“（讲话人）+会议名称+文种”这样的模式，比如：《在全区公寓规范化管理工作会议上的讲话》《李克强在全国深化“放管服”改革着力培育和激发市场主体活力电视电话会议上的讲话》。

正副式标题有正、副标题两个标题，与单标题相比，往往会显得更加有层次感，比如：《不用扬鞭自奋蹄　接续奋斗开新局——在区政府全体（扩大）会议上的讲话》。

（二）姓名与日期

姓名与日期的字体一般选择相同的“楷体_GB2312”三号字，将姓名放在上边，日期加括号在下，用阿拉伯数字书写，置于标题下方中央。比如下面这个示例。

在国务院第四次廉政工作会议上的讲话

李克强

（2021年4月26日）

（三）称谓

称谓的字体和正文一样，通常是“仿宋_GB2312”三号字，居左顶格，加冒号。不同的会议性质，面向不同的与会者，要采用不同的称谓。比如最常用的是“同志们”，有上级领导在的时候则要在前面先提领导——“各位领导，同志们”，有其他人物的时候再根据具体情况具体考虑。

（四）正文

绝大多数公文的正文里面都包括开头、主体、结尾，讲话稿也不例外。

1. 开头。

笔杆子写讲话稿的时候，在开头部分，往往都需要有一段导语前置，以点明会议主题。可以采用开门见山式导语，比如：“今天，我们在这里召开这次会议，目的是传达贯彻党中央和省、市有关工作会议精神，就如何做好×××工作……进行研究部署。下面，我讲几点意见。”（模板：这次会议的主题是/今天会议的主要目的是，传达贯彻……精神，就……进行研究部署。下面，我讲几点意见。）

也可以采用依据式导语，比如：“根据区委区政府关于创建文明城市工作的安排部署，经我镇领导班子党组研究决定，召开这次全镇创建文明城市工作会议，重点研究部署……工作。下面，我讲几点意见。”〔模板：根据……安排部署，经……研究决定，召开……会议，重点（总结、部署、推进）……工作。下面，我讲几点意见。〕

还可以采用复合式导语，比如：“自从市委、市政府作出‘兴果富民’的战略部署以来，全市果业生产由点到面迅速铺开，进展情况总体来说是好的，但也存在发展不平衡、质量不统一、形式经营不活问题。为了解决这些问题，促进果业生产更快更好地发展，根据市领导的意见，召开这次全市果业生产工作会议。刚才，××同志就深化供销体制改革讲了很好的意见，请各单位贯彻落实。下面，我再补充几点意见。”（模板：自从……战略部署以来，……总体情况……，但也存在……，为了……，根据……，召开……会议。刚才××同志做了很好的发言，相信大家听了都很受启发。下面，我讲几点意见。）

2. 主体。

讲话稿的主体结构分为两种：

第一种是纵向结构，即递进式结构，循序渐进、不断将讲话主旨确立深化。举个例子，在一般的动员部署会上，我们大多时候采用的就是“意义—措施—保障机制”这样的纵向结构；在党代会报告、政府工作报告、年终总结会等总结性会议上，一般按照“总结往年—分析问题—部署展望”这样的纵向结构。

第二种是横向结构，即并列式结构，将几个方面的内容并列来讲，各个层次之间结构匀称。

定好结构后，就可以进一步确定框架。讲话稿大多采用主体三段式的经典框架，比如纵向结构里面的“认识—任务—保障”，我们可以这样写：

一、统一思想，充分认识××的重大意义（认识）。

二、突出重点，有效把握××的实现途径/迅速掀起××的热潮/推动××取得新进展（任务）。

三、精心组织，始终确保××取得实效/全力推进××取得实效（保障）。

在横向结构中，我们可以这样写：

一要志存高远，在实现大我中成就小我。

二要博学笃行，在精进不休中增强底气。

三要秉持初心，在仰望星空中脚踏实地。

当整体框架敲定后，我们再去拟定下一级框架，重点是构思好主体三段里面的二级标题，比如在提措施的时候，我们用得比较多的是“举措路径—目标任务”这种模式。如：

一要突出一个主题，以转型发展打造升级版。

二要紧扣一条主线，以产业强市做强增长极。

三要强化一个引擎，以城镇建设推进一体化。

在讲保障的时候，我们也可以按照这样的方式来写，如：

一要加强组织领导，形成工作合力。

二要广泛宣传动员，引导群众参与。

三要强化督办考核，狠抓责任落实。

3. 结尾。

讲话稿可采取自然结束和专门交代两种结尾方式。自然结束不用专门的结束语；专门交代则使用模式化的结束语，具体有结论式、号召式、肯定式三种模式。

首先是结论式结尾。

结论式结尾是根据前面所讲的内容进行概括和升华，以结论的语气加重内容的分量，以求给听众留下深刻的印象。（模板：总之，只有……才……，因此，我们一定要……）

其次是号召式结尾。

号召式结尾是以召唤的口吻提出要求，向与会者发出号召，贯彻落实会议精神。（模板：同志们，……是……，我们一定要按照……以……以……，扎实……确保……，为……作出更大的贡献。）

最后是肯定式结尾。

这种结尾方式常用于提示听众看到有利条件，增强信心。（模板：同志们，……虽然……，但只要我们……，就一定能……）

第二节

发言稿写作实战

公文写作中的发言稿，一般指的是参加会议者为了在会议或重要活动上表达自己意见、看法或汇报思想工作情况而事先准备好的文稿。

发言稿与讲话稿的区别在于，讲话稿一般体现主办方或上级领导的意见，从大局出发作要求，具有一定的原则性、政策性、权威性；发言稿一般体现参与方平级或下级领导的意见，从自身的切入点出发，根据专项工作做发言，具有一定的务实性、灵活性。在风格上，讲话稿着重突出指导性，体现领导的权威，而发言稿则要表现出适度的谦虚。

发言稿大多采用横向结构（即并列式结构），将几个方面的问题并置排列，说完一个，再说一个，各个层次之间结构匀称。一般包括三部分：开头、主体、结尾。开头是概括阐述，主体是分段论述文章主体部分，结尾是总结拔高。

按照发言者代表的对象分类，发言稿可以分为代表个人的发言稿和代表单位的发言稿；按照场合和内容，则主要可以分为座谈会发言稿、经验交流会发言稿、就职演讲发言稿等。

但是不管什么类别，发言稿都和所有讲话类公文一样，在撰写的时候务必要明确五个问题：“我是谁”“我在哪儿”“谁在听”“讲什么”“怎么讲”，紧紧围绕这五个问题来展开写。

一、座谈会发言稿

笔杆子写座谈会上的发言稿，要特别注意发言的场合、发言人及发言主题。特别要注意区分两种情况，一种是领导在座谈会上的讲话，另一种是非领导在座谈会上的发言（谈心得体会或谈经验），看看是汇报交流还是安排部署，不同的情况要采用不同的语气，语言风格要有区别。

在这里，给大家参考一篇范文（部分内容省略）。

脱贫攻坚正当时　扬帆蓄力再出发

——在××县驻村第一书记欢送会上的发言

××村第一书记　××

（××××年××月××日）

各位领导，各位同志：

大家好。××××年××月，根据组织安排，我被任命为××村的第一书记。“第一书记”这个称号担负着建强村党组织、推动脱贫富民、为民办事服务、提升治理水平、发展壮大集体经济、宣传党的惠民政策等责任。围绕这六大责任，两年来，在领导、同事、群众的指导和支持下，我从村民眼里的“陌生人”变成了“村里人”，有开心快乐、酸甜苦辣，更有满满的收获。扶贫工作即将“接棒”，很荣幸作为“前任”的代表在这里给大家分享我的三点感悟，彼此共勉。

一、要融入群众，不能浮在表面

群众是历史的创造者，也是脱贫攻坚的主体，只有融入群众……一是要心入……二是要身入……三是要情入……

二、要理清思路，不能稀里糊涂

思路决定出路，细节决定成败，只有理清工作思路，才能统揽全局。一是抓调研……二是重学习……三是明思路……

三、要务实重干，不能纸上谈兵

牡丹花好空入目，枣花虽小结实成。第一书记必须围绕选派工作任务，求真务实，真抓实干。一是抓党建强队伍……二是抓产业促发展……三是抓人才聚合力……

进入新时代，迈步新征程，……聚是一团火，散是满天星。无论走到哪里，我都是××县的人。希望在我们的共同努力下，××县越来越好！

二、经验交流会发言稿

经验交流会的发言稿，实际上就是披着发言稿“外衣”的经验材料。

经验交流会发言稿范文如下（部分内容省略）。

控治结合　齐抓共管　推进生态文明建设再上新台阶

——在环境保护区域经验交流会上的发言

A市生态环境局　××

（××××年××月××日）

尊敬的各位领导、同志们：

根据会议安排，我就A市环境保护工作做个简短发言。

我市前些年……环境污染堪忧。近年来，在上级部门的大力支持和坚强领导下，全市上下牢固树立“绿水青山就是金山银山”的绿色发展理念，以党的十九大精神和习近平总书记生态文明建设理念为统领，精心组织、科学治理、精准施策，坚决打好打赢污染防治攻坚战，环境保护工作取得阶段性成效。现将有关做法汇报如下：

一、坚持统筹协调，构建齐抓共管的组织体系……

二、坚持科学治污，构建绿色发展的治理体系……

三、坚持科技引领，构建平台管控的智慧体系……

四、坚持铁腕治污，构建督查执法的监管体系……

我市环境保护工作虽然取得了一定的成效，但是与上级要求和人民群众期盼的还有一些差距，这次经验交流会给我们提高环境保护认识、学习借鉴兄弟市先进经验提供了良好平台，下一步，我们要深化认识，对标先进，保质保量完成各项治污任务，坚决打赢污染防治攻坚战！

三、就职演讲发言稿

撰写就职演讲的发言稿，通常按照以下模式分三个层次来写：

1. 表达感谢和决心。

2. 分析就职地方基本情况。

3. 提出就职的计划。

下面展示一篇就职演讲发言稿范文（部分内容省略）。

在××省十三届人大六次会议闭幕会上的讲话

省长　××

（××××年××月××日）

各位代表、同志们：

刚才，大会选举我担任××省人民政府省长。我深深地知道，各位代表的每一张选票，都凝聚着组织的信任与重托、饱含着××人民的信赖与期待，我深感使命光荣、责任重大。对各位代表的信任和支持，表示由衷的感谢！

××大地山灵水秀，××文化源远流长，历来是书写传奇、干事创业的热土。去年到××工作以来，从疫情防控到疫后重振，从抗击洪灾到脱贫攻坚，从经济断崖式下滑到重回高质量发展赛道，××人民不屈不挠、顽强拼搏的英雄豪迈一直鼓舞着我，凤凰涅槃、浴火重生的蓬勃力量一直激励着我，勠力同心、克难奋进的干事激情一直感染着我。能够成为××人民的一员，与英雄的××人民并肩战斗，我感到无比荣耀和自豪。今天，党和人民又把省政府工作的重担交给我，这是一份沉甸甸的责任和厚望。我一定深学笃行习近平新时代中国特色社会主义思想，在××同志带领的省委领导班子的坚强领导下，以担当诠释初心，以实干践行使命，与全省干部群众一道，奋力谱写新时代××高质量发展新篇章。

一是始终坚守忠诚之心，坚决做到旗帜鲜明讲政治……

二是始终坚守奋斗之心，坚决做到凝神聚力抓发展……

三是始终坚守为民之心，坚决做到倾情倾力惠民生……

四是始终坚守法治之心，坚决做到依法依规履职责……

五是始终坚守敬畏之心，坚决做到清正廉洁守底线……

各位代表、同志们！使命系身须倾力，重任在肩唯笃行。我将牢记习近平总书记的谆谆教诲，牢记各位代表和全省人民的重托，在省委的坚强领导下，团结带领省政府班子成员，在历届省政府打下的坚实基础上，接续奋斗，砥砺前行，以“拼抢实”的状态和作风，努力为××“建成支点、走在前列、谱写新篇”作出新的更大的贡献！

谢谢大家！

第三节

主持词写作实战

主持词，是会议中最常用的文书之一。不管是在哪个领域，会议都是一个重要的工作环节。在实际写作当中，写主持词重点要掌握三点。

一、主持词的写作要领

（一）标题

主持词的标题力求简洁明了、直截了当，是什么会议就用什么名称。

（二）称谓

要注意身份的先后排序，如“各位领导，各位来宾，同志们，同学们”等。

（三）正文

正文是相对来说最难写的部分。主持词的正文分开场白、主体和结束语三个部分。

1. 开场白。

开场白范例如下："为全面贯彻落实省委、省政府'科教兴省'、率先建设创新型省份和市委、市政府全面奔小康、建设新××的战略决策，进一步推进地方经济和社会可持续发展，今天，在这里召开我市科技工作者大会……莅临今天会议的领导和来宾有：市委××书记、××市长……"

2. 主体。

主持词的主体，主要是介绍会议的总体安排，常有两种写作模式。

①总分模式。

模板如下：

"今天的对接交流活动主要有×项议程：一是……；二是……；三是……。下面进行第一项议程……"

②直入正题模式。

模板如下：

"今天的大会主要有××项议程，下面进行第一项议程……"

3. 结束语。

主持词的结束语主要内容是总结强调会议精神，提出号召或者贯彻落实会议的要求，语言要平实郑重。如果是写提出贯彻会议的要求，建议要围绕贯彻会议精神分点去写，更加显得有条理，比如按照"学习领会—整改落实—纪律作风"三段论逻辑来阐述。

二、主持词范文

主持词范文如下（部分内容省略）。

在党史学习教育省委宣讲团宣讲报告会上的主持词

市委常委、宣传部部长、市委党史学习教育办公室主任　××

（20××年××月××日）

同志们：

在××之际，党中央决定在全党开展党史学习教育，充分彰显了我们党总结经验、把握规律、坚定信心、面向未来的历史主动和历史自觉。按照中央和省委的安排部署，今天，省委党校常务副校长、××行政学院常务副院长、××省社科联副主席×同志专程到××开展党史学习教育专题宣讲，让我们以热烈的掌声对L校长的到来表示欢迎！

L校长主要从事习近平新时代中国特色社会主义思想研究工作，长期承担党的十八大、十九大和省委重要会议精神宣讲工作，有深厚的理论功底和丰富的教育培训实践经验，曾受中联部委派，赴非洲宣介习近平新时代中国特色社会主义思想和中国发展成就，有多项科研成果获省部级奖励。

参加今天报告会的有：市人大专委会及工作委员会、市政协专委会有关负责同志，市委党史学习教育办公室负责同志，市级各部门有关负责同志，市属高校分管负责同志和马克思主义学院教师代表，市委宣讲团成员，政法系统先进模范代表，市属国有企业思政工作者，市级各民主党派和无党派人士代表，“两新”组织代表，市级媒体记者代表等，共约××人。

下面，让我们以热烈的掌声，欢迎L校长为大家做报告。

……

同志们，刚才L校长为我们做了一场内容丰富、精彩生动的宣讲报告，听了很受教育，很受启发。L校长紧紧围绕学习领会习近平总书记在党史学习教育动员大会上的重要讲话精神，深刻阐释了在全党开展党史学习教育的重大意义，围绕学好、用好党史基本著作，系统回顾了百年来我们党团结带领人民走过的光辉历程，取得的辉煌成就，全面介绍了开展党史学习教育的主要内容和必须深刻把握的重点。同时，L校长紧密结合××及××实际，为我们的工作提出了很有指导性、针对性、可操作性的宝贵意见。L校长的报告视野开阔、权威准确、全面系统、切合实际，为我们深刻领会习近平新时代中国特色社会主义思想特别是习近平总书记关于党史的重要论述，不断提高政治判断力、政治领悟力、政治执行力，站位新阶段、贯彻新理念、服务新格局，推动中央和省委重大决策部署在××落地生根，具有十分重要的指导意义。

当前，党史学习教育正在全市广泛深入开展。全市各级党组织和全体党员干部要全面落实党中央和省委、市委决策部署，高标准高质量开展好党史学习教育，紧紧围绕学懂弄通做实党的创新理论，做到学史明理、学史增信、学史崇德、学史力行，做到学党史、悟思想、办实事、开新局。要坚持以建设践行新发展理念的公园城市示范区为统揽，努力在探索具有中国特色的城市现代化道路上走在前列、作出示范。要紧紧抓住“十四五”规划开局、成渝地区双城经济圈建设、“一干多支”发展战略等重大机遇，勇担“主干”责任，唱好双城记、共建经济圈、服务双循环、办好大运会，努力在服务党和国家战略全局中建功立业，努力在世界城市体系中争先进位。

最后，让我们再一次以热烈的掌声向L校长表示感谢。今天的报告会到此结束，散会！

第四节

倡议书写作实战

倡议书也可以叫作公开信，是为倡议、发起某项活动而写的具有号召性和提议性的专用书信。倡议书的框架由标题、称呼、正文、落款四个部分组成。

一、倡议书的写作要领

（一）标题

标题既有由倡议内容和文种名共同组成的单标题，也有由主副标题共同组成的双标题形式。如：《致全省农民朋友的一封信》《致全市机动车主的倡议书》《生命安全是不可逾越的红线，安全法律是必须坚守的底线——关于贯彻实施新〈安全生产法〉的公开信》等。

（二）称呼

称呼独占一行，一般顶格写在第二行开头，依据倡议的对象而选用适当的称呼。如“广大的青少年朋友们”“广大的妇女同胞们”等。有的倡议书也可不用称呼，而是在正文中指出所倡议的对象。

（三）正文

倡议书正文写明倡议的内容，这是正文的重点部分。

1.开头：写明倡议书的背景原因和目的。

2.主体：写明倡议的具体内容和要求，倡议的内容一定要具体化。

3.结尾：要表示倡议者的决心和希望或者写出某种建议。倡议书一般不在结尾写表示敬意或祝愿的话。

（四）落款

在正文右下方写明倡议者单位、集体或个人的名称或姓名，署上发出倡议的日期，倡议书的落款就完成了。

倡议书常用的倡导修饰词有不少，笔杆子们平时可以多加积累，如“倡导者”“引领者”“践行者”“守护者”“先锋军”“主力军”“知心人”“贴心人”“明白人”等。

二、倡议书常见的行文模式和范文

在这里分享倡议书几种常见的行文模式和范文。

行文模式一：“思想认识+行为要求”，相关范文如下。

致机关干部职工节约用电倡议书

全体机关干部职工：

为积极践行绿色低碳生产生活方式，共同做好节约用电工作，倡议如下。

一、提高站位，牢固树立节约用电意识。要充分认识节约能源资源的重要性，以高度的政治责任感和使命感推动节约用电工作，增强节约意识，从节约每一度电做起，争做节约表率，共同营造绿色低碳生活和工作的浓厚氛围。

二、身体力行，积极践行绿色节能办公。要自觉养成节约用电良好习惯，减少空调使用时间；出门随手关灯；长时间不使用电脑，应将电脑关闭；下班后应及时关闭各类设备的电源；低楼层倡导使用步行梯，减少电梯使用，共同建设节约型机关。

三、率先垂范，自觉做到绿色低碳生活。要引导家庭成员尽量使用节能灯具；减少空调使用时间和频次；不使用电器时关闭电源；倡导绿色出行；及时制止浪费电能行为；以实际行动带动身边亲朋好友，共同养成节约用电的良好习惯。

让我们行动起来，将节约意识落实到每时每刻的具体行动中，从我做起，从点滴做起，共同建设绿色、低碳、文明、和谐的模范机关，争当节能降碳的传播者、实践者！

××××

××××年××月××日

行文模式二：“思想认识+行为要求+重要群体相关要求”，相关范文如下。

“抵制天价彩礼，倡树文明新风”倡议书

全县广大青年朋友们：

近年来，我县高额彩礼依然存在，因婚致贫时有发生。为抵制天价彩礼、倡树文明新风，县文明办发出如下倡议。

一、树立正确婚恋观念，抵制高价彩礼。要以人品感情为重，以物质钱财为轻，摒弃婚嫁陋习，结合家庭实际少要或不要彩礼，不盲目攀比。要从自身做起，自觉抵制高价彩礼，树立勤俭持家、艰苦奋斗的理念，营造节俭文明新风尚。

二、做到婚事简办新办，反对铺张浪费。要提倡喜事简办新办，不讲排场，不比阔气，不大操大办，采用集体婚礼、旅游婚、共植纪念树等新形式，举办既简约庄重又富有意义的婚礼，把节省下来的资金用于发展事业、经营家庭。

三、倡导婚嫁文明新风，破除陈规陋习。广大党员干部要率先垂范，严格落实中央八项规定及其实施细则精神，坚决杜绝借机敛财，带头做移风易俗、勤俭节约的表率，动员教育家属及亲朋好友婚事简办，在营造婚嫁新风方面发挥榜样作用。

告别陋习，才能走向文明。广大青年朋友们，让我们携起手来，争做新时代婚嫁新风尚的倡导者、传播者和实践者，为促进乡风文明、实现乡村振兴贡献力量！

××县文明办

××××年××月××日

行文模式三："对象1要求+对象2要求+对象3要求"，相关范文如下。

致全市电力用户节约用电倡议书

全市各机关企事业单位，广大市民朋友：

目前，我市电力供应形势趋紧。为守护安全稳定的供用电环境，我们呼吁社会各界共同节约用电，倡议如下。

一、率先垂范，厉行节约。各级党政机关、事业单位要带头践行绿色节能办公，积极做好办公设备科学用电、节约用电管理，非工作时段要关闭办公设备电源，关闭不必要的用电设备，压减电梯使用频次。

二、科学生产，有序用电。请各工商企业主动支持配合有序用电实施，主动错峰避峰用电，鼓励利用周末、夜间安排生产。推广使用节电节能新技术、新设备，减少非生产、非必须用电，尽量节约电量用于生产环节。

三、从我做起，养成习惯。鼓励广大市民从自身做起、从点滴做起，践行适度节约、绿色低碳的家庭生活方式。党员干部要发挥示范引领作用，及时劝导制止浪费电能行为，以实际行动带动身边亲朋好友，共同养成节约用电的良好习惯。

弘扬节俭美德，共享低碳生活。让我们携手参与、共同努力，为打造绿色环保、节能低碳生活环境，建设底色更绿的现代化城市贡献力量！

××市发展和改革委员会

××××年××月××日

以上模式可以根据实际情况调整。在提要求的时候，可以根据对象身份如特殊群体、党员干部、领导干部等分点撰写。

第五节

致辞稿写作实战

致辞稿，指的是领导干部在特定场合中（比如迎送宾客、重大节日、重要会议等活动或集会上）发表的表示欢迎、感谢、祝贺等的讲话。根据场合不同，致辞稿大体上可以分为推介致辞、开幕致辞、闭幕致辞、项目签约致辞等类目。

一、推介致辞

推介致辞通常运用在推介会等场合中。框架一般有三大部分。

第一部分是导语。导语一般描述对客人表示热烈的欢迎和诚挚的问候。

第二部分是正文。正文第一段介绍本土人情、过去工作开展情况，第二段介绍当前情况、发展势头，第三段讲述未来计划和打算。

第三部分是结尾。推介致辞的结尾一般用来表达希望和祝贺。

推介致辞范文如下（部分内容省略）。

在“世界500强对话××活动”欢迎晚宴上的致辞

××省人民政府省长　××

（20××年××月××日）

尊敬的各位来宾，女士们、先生们：

金秋报喜、惠风和畅，非常高兴和大家相聚在东湖之滨，共商合作，共谋发展。

在此，我谨代表××省人民政府，对大家的到来表示热烈的欢迎！对你们长期以来给予××的关心和支持表示衷心的感谢！

昨天的××，是开放合作的肥土沃壤。××自古是商贸文化的兴盛之地……

今天的××，是投资兴业的风水宝地。目前我们与200多个国家和地区建立了经贸往来关系……

未来的××，有无比光明的发展前景。我们将立足××自身优势……

最后，预祝“世界500强对话××活动”取得圆满成功，期待能与更多的企业家朋友结成事业共同体、奋斗共同体，共享发展机遇，共创美好未来！

二、开幕致辞

开幕仪式等场合，我们常常可以听到开幕致辞。开幕致辞的框架包含四层。

第一层：表示欢迎。

第二层：介绍活动重要性+自身努力。

第三层：表达对会议及与会者的希望和要求。

第四层：阐述美好祝愿。

开幕致辞范文如下（部分内容省略）。

在第××届京台科技论坛开幕式暨主论坛上的致辞

中共中央台办、国务院台办主任　×××

（××××年××月××日）

尊敬的×××理事长、×××副理事长、×××市长，尊敬的×××理事长、×××会长，各位嘉宾、各位朋友：

大家上午好！

我首先代表中共中央台办、国务院台办，对第××届京台科技论坛的举办表示热烈祝贺，向出席论坛的两岸嘉宾特别是线上参与的台湾工商界朋友致以诚挚问候，对两岸企业家表示诚挚的感谢！

京台科技论坛是两岸同胞交流合作和台胞台企参与首都建设的重要平台……

下个月，中国共产党第二十次全国代表大会将在北京召开……

不久前，我们发表《台湾问题与新时代中国统一事业》白皮书……广大台湾同胞要明是非、观大势、持大义，看清自身前途利益所在，站在历史正确的一边，坚决反对“台独”分裂和外部势力干涉，积极投身实现中华民族伟大复兴和祖国完全统一的大业。

各位嘉宾、各位朋友！

北京在经济、科技、金融、文教等方面具有强大实力，正在全力推动“两区”“三平台”建设和京津冀协同发展，对台交流合作具有坚实基础和独特优势。北京市委、市政府高度重视对台工作，制定实施“55条措施”，常态化开展“我为台胞办实事”活动，广大台胞台企在京发展环境越来越好。中共中央台办、国务院台办将一如既往大力支持京台交流合作，助力广大台胞台企在首都投资兴业、安居乐业、再创佳绩。

祝本届论坛圆满成功！祝各位嘉宾身体健康、事业兴旺！

谢谢大家！

三、闭幕致辞

闭幕仪式等场合，我们常常可以听到闭幕致辞。闭幕致辞的框架包含三层。

第一层：对会议总体评价，总结成果，凝聚共识。

第二层：提出贯彻会议精神希望，激发与会者积极性。

第三层：宣布会议闭幕，标志着会议的圆满结束。

闭幕致辞范文如下（部分内容省略）。

在北京2022冬奥会闭幕式上的致辞

国际奥委会主席　托马斯·巴赫

（2022年2月20日）

尊敬的中华人民共和国主席习近平阁下，组委会主席蔡奇先生，亲爱的奥林匹克运动的朋友们，亲爱的运动员们：

我们由衷钦佩你们在过去十六天里的出色表现。你们每一个人都努力争做最好的自己。我们深深感动于，你们同时希望于自己的竞争对手也取得最佳成绩，并为之欢呼……

愿世界各地的政治领袖们从你们团结与和平的榜样中得到鼓舞……

我们向本届冬奥组委会、中国政府以及我们所有的中国合作伙伴和朋友们表示最深切的感激和最诚挚的谢意。我谨代表全球最优秀的冬季项目运动员们，说一声：

感谢你们，我们的中国朋友……

现在，我不得不为这段难忘的奥运经历画上句号：我宣布北京2022第24届冬奥会闭幕。按照奥林匹克传统，我号召全世界青年在四年后在意大利米兰—科尔蒂纳丹佩佐相聚，与大家共庆第25届冬奥会。

四、项目签约致辞

项目签约等场合，我们常常可以听到项目签约致辞。项目签约致辞的框架包含五层。

第一层：表示欢迎。

第二层：讲自身优势。

第三层：夸项目。

第四层：作出承诺和未来展望。

第五层：美好祝愿。

项目签约致辞范文如下（部分内容省略）。

在W县2022年重点项目秋季集中开工仪式上的致辞

W县委书记　××

（2022年9月16日）

同志们，朋友们：

金秋九月，硕果流金。在这丰收的日子里，我们迎来了今年重点项目秋季集中开工。刚刚科技新城项目负责人作为集中开工项目代表进行了发言，蓝图已绘就，奋斗正当时。在此，我谨代表W县委、县政府对广大来W创业的企业家们表示热烈的欢迎和诚挚的问候！

近年来，W县把项目作为发展的动力引擎，开展项目突破年活动，坚持以建设“十大园区”为产业支撑，推动要素集聚，塑造起经济社会高质量发展的骨架。一是我们坚持“双招双引”……二是我们坚持优化营商环境……三是我们坚持项目攻坚……

今天开工的这18个重点项目包括科技新城、康养综合体、智慧物流园、物流港等，这些项目是W县坚持项目攻坚，强势推进双招双引的丰硕成果，项目的建成必将对W县加快经济发展产生积极的影响。希望今天开工的各个企业、施工单位，能够把握建设的黄金期，坚持安全生产为前提，精心组织，推动项目早日竣工投产。也希望广大机关干部能继续抓项目、抓招商、抓治理，努力担当作为，勇于攻坚克难，为企业家营造投资兴业的良好环境。

最后，预祝此次重点项目集中开工仪式取得圆满成功，祝各位企业家朋友事业兴旺发达，祝各位来宾身体健康、工作顺利、万事如意！谢谢大家。

五、致辞稿词句积累

笔杆子们可以在平时积累一些常用的致辞词句，以备不时之需。特别是在不同的时间致辞，开场白可以采用不同的描述。

1. 春季致辞词句：“一元复始，万象更新”“大地回春，春风报喜”“阳和启蛰，品物皆春”等。

2. 夏季致辞词句：“繁花似锦，夏草芳菲”“春去夏至，万木葱茏”等。

3. 秋季致辞词句：“秋雨送爽，大地流金”“万物呼晴，叠翠流金”“时维九月，序属三秋”“南山与秋色，气势两相高”等。

4. 冬季致辞词句：“腊梅怒放，松柏傲寒”“天人宁许巧，剪水作花飞”等。

第四章

总结类公文写作实战技巧及模板

总结类公文是公文写作中避不开的一个大类文种，主要包括调研报告、情况汇报、经验材料、工作总结等类型。

第一节

调研报告写作实战

调研报告，一般是针对某一情况、某一事件、某一经验或问题深入调查，将掌握的全部情况和材料进行“去粗取精、去伪存真、由此及彼、由表及里”的分析研究，揭示出本质，寻找出规律，总结出经验的书面文字成果。简单地来讲，调研报告就是调查、研究、报告的综合体。

撰写调研报告有三个基本要求，首先是要在导语部分简明扼要地写明调研的起因或目的、时间和地点、对象或范围、经过与方法，以及人员组成等背景情况，力求精练概括；然后在主体部分要记述调查研究的做法、成效、问题等；最后要提出解决问题的方法、对策或下一步改进工作的建议，也可总结经验以获得启示。

一、类型

根据调研内容和调查宗旨的不同，调研报告主要分为以下三种。

（一）反映情况类

这类调研报告主要用于反映某一地区、某一领域或某一事物的基本面貌，目的在于报告全面的情况，为决策者制定方针政策、规定任务、采取措施提供决策依据和参考，如《关于机关效能建设的调研报告》《关于新型冠状病毒感染疫情有关情况的调查报告》等。

（二）推广经验类

主要用于对先进典型进行深入调查分析后，提炼出成功的经验和有效措施，以指导和推动面上的工作。如《问渠哪得清如许　为有源头“碧”水来——南水北调中线工程水源区生态保护调查》《一个穷山沟崛起一个大市场》等。

（三）揭露问题类

主要研究工作中存在的缺点和问题，以及不良倾向等，其目的在于揭示问题、反映情况，而不在于追究责任。如《关于治理农村发展党员乱象的调研报告》《为什么大学毕业生择业倾向沿海地区》等。

二、框架

不管是哪一类调研报告，其结构一般都包含标题、导语、正文、结语（可有可无）和落款。

（一）标题

调研报告的标题应当写得明朗、简洁，要从其内容和作用的需要出发，做到题文相符、揭示主旨、画龙点睛。

1. 公文式标题。如《关于××市机关效能建设的调研报告》《推动解决形式主义突出问题为基层减负贯彻落实情况调研报告》。

2. 陈述式标题。如《加大财政扶持　增加农民收入》。

3. 提问式标题。如《为什么大学毕业生择业倾向沿海地区》。

4. 复合式标题。如《书写“强富美高”新江苏的时代答卷——新时代中国特色社会主义在江苏的生动实践》《一条热线撬动的“治理革命”——北京市“接诉即办”改革情况调研报告》《激活四川乡村治理“一池春水”——三台县、盐亭县“两项改革”调查》。

（二）导语

导语是调研报告正文的开头，是全篇的“序幕”和“引子”。下面列举几种常见的导语的写作方式：

1. 开门见山式导语。写明调研活动的起因或目的、时间和地点、对象或范围、经过与方法，以及人员组成等调查本身的情况，从中引出中心问题或基本结论来。（常用款）

比如：“为繁荣文化发展产业，夯实基层文化基础，全面掌握全市基层文化中心建设情况，近期，F市文化局组成6人调研组前往A区莲花街道就当前文化中心建设情况进行专题调研。现将调研情况报告如下。”

结构模板：“调研目的—调研基本情况—引导句”或“调研主题的重要性—调研基本情况—引导句”。

2. 交代式导语。写明调查对象的历史背景等情况，进而提出中心问题或主要观点。

比如：“习近平总书记在湖南考察时强调，要落实‘四个不摘’，建立健全防止返贫长效机制，深入研究接续推进全面脱贫与乡村振兴有效衔接。站在全面建成小康社会与实现‘两个一百年’目标的历史交汇期，探索巩固脱贫攻坚成果与全面推进乡村振兴有机衔接的有效途径，既是当下的时代命题，也是贯彻落实习近平总书记在湖南考察时的重要讲话精神的必然要求。”

3. 概括式导语。围绕调研主题直接概括出调查的结果，如肯定做法、指出问题、提示影响、说明中心内容等。导语起到画龙点睛的作用，精练概括，直切主题。

比如：“北京市坚持以习近平新时代中国特色社会主义思想为指导，深入贯彻习近平总书记对北京重要讲话精神，从2019年开始推进‘接诉即办’改革，用一条热线撬动‘治理革命’，形成落实以人民为中心发展思想的生动实践，创造了超大城市治理的北京样本。”

（三）正文

调研报告正文的常见框架有：

1.“基本情况（成效、做法）—问题—建议”式结构，多用于反映情况的调研报告；

2.“成效—做法—经验启示”式结构，多用于介绍经验的调研报告；

3.“问题—原因—意见或建议”式结构，多用于揭露问题的调研报告。

（四）结语（备选）

有的调研报告没有专门的结束语，就以主体部分的末段自然结束，意尽言止。有结束语的，一般包括以下内容：

1. 总结全文，深化主题，以提高阅读者的认识；

2. 提出新问题，指出努力方向，启发人们更进一步地去探索；

3. 补充交代在正文里没有涉及而又值得重视的情况和问题，提出有益建议，供领导参考。

结语要根据写作目的、内容的需要，采取适当的结尾方式，话多则长，话少则短，无话则止，切莫画蛇添足，损害全文。

（五）落款

调研报告的落款可写在标题下方或者文章结尾处。

三、调研报告范文

调研报告范文如下（部分内容省略）。

部门联动汇聚合力　基层治理畅通梗阻
——关于北京党建引领“街乡吹哨、部门报到”改革情况的调研报告

中组部××调研组

××××年××月××日

基层治理是关系党和国家改革发展全局的基础性、战略性工作。为深入总结北京市开展党建引领“街乡吹哨、部门报到”改革情况，构建简约高效基层管理体制、打通基层治理“最后一公里”，中组部调研组深入北京12个区的17个街道乡镇、20个部门站所、6个执法单位开展为期8天的专题调研，现将有关调研情况报告如下：

一、聚焦北京市“街乡吹哨、部门报到”改革的显著成效

北京市“吹哨报到”改革实施一年来，取得显著成效，赢得了社会广泛赞誉。

（一）百姓居住环境明显改善。一批私搭违建、乱停车、环境脏乱、老旧小区设施陈旧等老百姓身边的烦心事得到解决……根治了噪声扰民、非法经营、环境脏乱等一批长期得不到解决的“老大难”问题。

（二）干部队伍面貌焕然一新。启动的街道内设机构改革试点，优化了模式设置机构……随时随地出现在群众身边，办好群众家门口的事。

（三）群众幸福感受大大增强。西城区停车难问题的合理解决……党群干群关系更加融洽，党组织的威信在联系服务群众中得到加强，人民群众更加自觉地热爱党、跟党走。

二、摸清北京“街乡吹哨、部门报到”改革的有益探索

北京市完善基层管理体制，把党建和治理结合起来，在赋权、下沉、增效上下功夫，以“吹哨”反映群众诉求，以“报到”引领各部门响应，形成了行之有效的做法。

（一）强化街乡领导核心。制定街道职责清单……

（二）建立综合执法中心。推广“1+5+N”模式……

（三）鼓励多员参与共治。设置街长巷长岗位……

（四）依托平台共商共治。建立“一轴四网”区域党建机制……

（五）开展社区减负行动。依法取消市直部门下派社区工作事项……

三、总结北京“街乡吹哨、部门报到”改革的成功经验

北京市“街乡吹哨、部门报到”改革的经验做法，是增强城市基层党建整体效应的创新实践，是走好新时代群众路线的成功范例，具有借鉴推广价值。

（一）要不断完善体制机制。应该构建“四有四全”工作格局，即天上有网、地上有格、街巷有长、吹哨有响，党建引领全统筹、管理力量全报到、共商共治全程议、百姓呼声全响应，第一时间解决基层治理的各类矛盾。

（二）要切实下沉执法力量。应该瞄准治理难点问题，开展综合执法，握指成拳、集中发力，事不完、人不撤，提升街乡统筹指挥能力和部门行政执法、应急处置水平，提高解决问题的力度和效果。

（三）要提高社区服务水平。可推广“离案式”、走动式工作法，第一时间收集民情民意。要推进社区服务站改革，做到一窗受理、集中办理。要实施社区精细化治理计划，加强网格服务承载。

（四）要拓宽群众参与渠道。可通过议事厅、恳谈会、理事会等听民声汇民意集民智。要培育志愿服务品牌，发动群众人人出力，开展秩序维护、文化提升、环境整治等活动，提升基层微治理能力。

第二节

情况汇报写作实战

公文写作里的情况汇报，指的是一个地区、一个部门、一个单位的负责人在一些比较正规的场合向上级领导或机关进行工作汇报时所用的文稿，情况汇报一般选择第一人称。

笔杆子们撰写情况汇报，一般是依次从四个部分动笔，分别是标题、导语、主体、结尾。

一、情况汇报的写作要领

（一）标题

情况汇报的标题首先是常见的公文单标题，即“事由”加“文种”，如《关于××的情况汇报》。其次是复合式标题，主标题一般是同汇报内容有关的一句话，副标题一般表明汇报内容、范围和文种等，如《调谐“五线谱”，齐唱“三部曲”——××县关于扎实推进信息采集工作的情况汇报》。还有一种是直接写《情况汇报》等。

（二）导语

情况汇报的导语类型一般有以下四种：

1. 根据式导语。如："××××年上半年，××区的宣传思想文化工作，以党的××大、××届四中全会以及习近平总书记系列重要讲话精神为指导，严格按照全县宣传思想文化工作的总体要求，深入推进社会主义核心价值观建设。围绕××区中心工作，不断解放思想，改革创新，强化对内对外宣传，提高舆论引导能力。现将有关情况汇报如下。"

2. 缘由式导语。如："为切实推进政务服务体制改革，转变政府职能，提高办事效率，改善投资环境，建立与社会主义市场经济体制相适应的行政审批和服务体系，市政务服务中心不断创新政务服务方式，努力提升政务服务效能。现将有关情况汇报如下。"

3. 背景式导语。如："今年以来，我办按照省委办公厅和××市委办公室开展的优质服务竞赛活动的要求，坚持以争先创优为目标，全面加强业务建设、制度建设和能力建设，认真履行参谋助手、信息反馈、督促检查和综合协调四大职能，切实搞好政务和公共事务两大服务，工作效率和服务水平得到了明显提高。现将有关情况汇报如下。"

4. 概述式导语。如："××县是全省经济强县，但有省级贫困村××个、市级帮扶村××个、农村建档立卡贫困人口××人。近年来，××市委、市政府把扶贫工作作为重大的民生工程来抓，明确目标，加大投入，强化帮扶，奋力攻坚，××××年、××××年分别实现脱贫××人、××人，尚有贫困人口××人。现将有关情况汇报如下。"

（三）主体

情况汇报的主体部分架构一般有五点，分别是基本情况、主要措施、亮点做法、存在问题和下一步做法。常见的情况汇报一般有三种：综合情况汇报、经验情况汇报及问题情况汇报，每种情况汇报的主体写作框架不同，具体参考如下。

1. 综合情况汇报主体写作框架。

①首先汇报已经采取的相关的主要工作措施。

②点出存在问题。

③阐明以后的打算。

2. 经验情况汇报主体写作框架。

①汇报取得成效。

②讲清楚主要做法。

③描述相关的启示与体会。

3. 问题情况汇报主体写作框架。

①点出主要问题。

②深入分析原因。

③提出整改措施。

（四）结尾

情况汇报的结尾有表态式、展望式、建议式等多种方式。

1. 表态式结尾。

如：“我们将认真贯彻××书记对无锡发展‘三个走在前列’的要求，继续奋力书写我市高质量发展答卷，努力在高质量发展中展现更大作为，为推进‘两聚一高’新实践、建设‘强富美高’新江苏作出更大贡献！”

2. 展望式结尾。

如：“下一步，我们将严格落实‘五早一集中’要求（早发现、早报告、早隔离、早诊断、早治疗，集中统一上报），持续做好人员排查、物资储备、硬件提升、舆论引导等工作，一旦发现疑似病例，第一时间报告、第一时间救治，坚决打赢疫情防控阻击战，全力保障人民群众身体健康和生命安全。”

3. 建议式结尾。

如：“我们建议：一是加强监管和查处力度。二是加快经费划拨速度。三是减少非必要表格和数据填报。”

二、情况汇报范文

情况汇报的范文如下。

××县关于实施乡村振兴战略的情况汇报

近年来，我县严格按照“产业兴旺、生态宜居、乡风文明、治理有效、生活富裕”总要求，以实现高质量发展为主线……××年创建各类现代特色农业示范区××个，建成特色产业基地××万亩，培育了××名牌产品××个；农民人均可支配收入××元，增长××%。现将有关工作情况汇报如下：

一、实施乡村振兴战略的情况

（一）以产业兴旺为重点，提升特色现代农业发展水平。

一是大力培植壮大龙头企业。二是大力推进新型农业经营体系发展。三是积极打造现代特色农业品牌。

（二）以生态宜居为关键，促进人与自然和谐共处。

一是持续改善农村人居环境。二是推动农村基础设施提档升级。三是加大农村环境综合整治力度。四是加强生态环境治理。

（三）以乡风文明为保障，凝聚乡村振兴正能量。

一是突出抓好农村思想道德建设。二是深入实施各类文化科技惠民工程。三是深入开展移风易俗行动。

（四）以治理有效为基础，推动乡村和谐发展。

一是健全村务监督机制。二是加强农村基层党组织建设。三是创新基层管理体制机制。四是建设平安和谐乡村。

（五）以生活富裕为根本，提高乡村民生保障水平。

一是大力促进农民增收。二是优先发展农村教育事业。三是扎实推进脱贫攻坚。四是加强农村社会保障体系建设。

二、存在的问题

虽然我县全力抓好乡村振兴战略实施，但面临的困难和问题不少，主要表现为：一是农业产业化水平较低。二是产业发展资金短缺问题突出。三是新型职业农民队伍薄弱。四是脱贫攻坚的压力很大。五是生态治理的任务艰巨。六是乡风文明建设有待加强。

三、下一步的计划

下一步，我县将紧紧围绕习近平总书记提出的乡村产业振兴、乡村人才振兴、乡村文化振兴、乡村生态振兴、乡村组织振兴的“五个振兴”要求，认真按照自治区、××市的具体部署，科学实施乡村振兴战略，确保取得实效。

（一）围绕“产业兴旺”要求，转变农业发展方式，促进一、二、三产业融合发展。一要培育主导产品。二要促进农村三产融合发展。三要大力发展特色农业产业。四要建立农村产权流转交易平台。五是培育骨干龙头企业。

（二）围绕“生态宜居”要求，加快基础设施建设和生态保护力度，建设宜居宜业宜游美丽乡村。一要加快农村基础设施建设。二要打造生态优美的乡村环境。三要大力发展乡村旅游。

（三）围绕“乡风文明”要求，深入实施文化引领战略，推动社会主义核心价值体系在乡村落地生根。一要加强农村思想道德建设。二要发展农村优秀传统文化。三要着力构建乡村公共文化服务体系。

（四）围绕“治理有效”要求，打牢基层基础，健全乡村治理体系。一要加强农村基层党组织建设。二要提升乡村德治水平。三要加强农村法治建设。

（五）围绕“生活富裕”要求，加强改革创新力度，增强农业农村发展活力。一要强化科技支撑。二要抓好产业扶贫。三要拓宽增收渠道。

第三节

经验材料写作实战

经验材料，指的是为了表彰先进、传播事迹、交流和推广各种经验所写的参考性文字材料。一般用于大会发言、表彰评比、宣传印发或以文件形式转发。

一、经验材料的素材

经验材料要靠事实说话。如果掌握的素材不充分，写起来就很费劲，即使勉强拼凑出来了也很难给人以启发。因此，要写出有价值的经验材料，首先要在调查情况、掌握素材上下功夫。要点面结合挖掘素材。点，是指典型事例；面，是指综合情况。有点无面，经验就缺乏说服力；有面无点，经验则缺乏感染力。经验从实践中来，观点从素材中来。带着思想框架去挖素材、找例子，很容易浅尝辄止。正确的方法应该是把重点放在了解典型事例和综合效果上。这方面的素材充分掌握了，主题、观点、做法、体会等都可以从中产生。

二、经验材料的架构

经验材料的架构一般由标题、导语、主体、结语组成，经验材料在写法上比较灵活，没有固定模式。

（一）标题

经验材料的标题类型一般有两种：

1.传统公文单标题。如《关于政务信息公开工作的经验交流材料》。

2.灵活式标题。灵活式标题分为单行标题和双行标题。单行标题又可分为直叙式标题、对称式标题、提问式标题。直叙式标题直接表明主题，概括内容，如《坚持“一件事一次办”纵深推进自然资源领域“放管服”改革》；对称式标题用对称的句子标明主题、概括内容，如《校正视角看战士　与时俱进育人才》；提问式标题用提问的形式指明主题、概括内容，如《我们是如何做好科级干部竞争上岗工作的》。双行标题是由主标题和副标题相结合组成，如《用好“问海借力”金钥匙　找准合作共赢契合点——在全省长三角一体化座谈会上的经验交流材料》。

（二）导语

导语的内容一般是介绍基本情况，所采取的做法，所获得工作成效、成绩、荣誉等，并略加阐发。简单来说，可以把导语的模板理解为“背景+做法+成效”。

如：“近年来，L市委、市政府高度重视城市形象设计和打造（**背景**），按照‘123工作法’的总体思路，将城市整体的精神与风貌等特质予以提炼、升华（**做法**），塑造出了独具L市特色的城市文化形象，充分发挥了城市功能，推动了城市全面发展提升（**成效**）。有关经验做法如下。”

（三）主体

主体是经验材料的主要部分，一般包括做法、成效、体会、启示等，主要是做法和成效。

主体的写作相关范例如下。

一、聚集社会资源，培育多元化的民间社工组织

积极适应“小政府、大社会”的发展趋势，围绕市、区推进城乡统筹发展的总体

目标，通过吸纳整合社会服务资源，大力培育协助政府从事社会事务，开展居家养老，帮助就业创业，提供心理法律咨询等社会服务类民间社工组织……目前，我区已培育发展了“心晴工作室”……

二、健全运行机制，打造专业化的社工服务团队

为推动民间社工组织的高效运行，我们建立了“党委领导、政府推动、社会运作、社工引领、各方参与”的社会工作模式和“三工联动”（专职社工—专业社工—义工）的运行服务机制……

三、推行服务外包，引入市场化的管理评估模式

为进一步加强非营利性民间社工组织的规范化管理，加大培育扶持力度，我们制定出台了《××区非营利性民间社工组织考核评估办法》，将一些可以社会化、市场化运作的公共服务事项，以“购买服务”和“项目管理”等方式委托给非营利性民间社工组织实施。近三年来，我区已向非营利性社工组织出资购买了创业就业培训、青少年心理调适、家庭教育、居家养老、司法矫正和残障康复等15个社会工作服务项目……

四、组建社工协会，发展自律化的行业管理组织

我们着眼培育发展社工人才队伍自律性行业组织，在全省率先成立了“××区社会工作者协会”，制定了社工协会《行业公约》和《自治章程》……

五、关注社会问题，开展优质化的社会工作服务

我们积极引导社工组织牢固树立“助人自助、服务社会”的价值理念，充分运行个案工作、小组工作和社区工作等专业的社工方法，结合居民群众的实际需求，深入开展优质化的社工服务……

（四）结语

经验材料的结语在写作上没有固定的要求，可有可无。结语是对典型经验给予概括，强调加深人们的印象，一般可以写一些体会、启示，也可写存在的不足之处，展望未来，有时写几句谦虚的话。但不管如何写，经验材料的结语要短、有力。一般情况下，经验交流会发言稿需用结语。

结语的写作相关范例如下。

虽然我们在质量标准化建设上做了一些工作，但我们也深知，质量建设“没有最好，只有更好”的道理和“逆水行舟，不进则退”的形势（**体会**），我们与上级组织的要求、与安全高效煤炭企业发展的目标、与兄弟单位相比还有差距（**不足**），我们将以本次会议为契机，深入贯彻上级组织关于质量标准化建设的一系列指示精神，以更高的标准、更大的力度、更有力的举措，推进质量标准化建设提档升级，努力打造全国一流薄煤层质量标准化矿井，为建设××作出新的更大的贡献（**打算**）！

总的来说，经验材料的架构，我们可以归为以下这种写法。

1. 标题：××××。

2. 首段：背景、做法、成效（简述）。

3. 正文：3条及以上的主要做法、成效。

4. 结语：体会、启示、不足、打算。

三、写作经验材料的词句积累

经验材料作为写作要求高、表现手法灵活的事务性文书，是我们在日常工作中很常见的一种文体，在这里给大家分享一下词句积累和相关语言技巧。

（一）巧用数字法

【例文1】

1. 突出一个主题，以转型发展打造升级版。

2. 紧扣一条主线，以产业强市做强增长极。

3. 强化一个引擎，以城镇建设推进一体化。

4. 抓住一个关键，以深化改革创新动力源。

5. 把握一个基点，以民生改善汇聚正能量。

【例文2】

1. 坚持“三个完善”，强化载体支撑发展。

2. 坚持“四化并举”，提升服务推动发展。

3. 坚持“五个到位”，健全机制保障发展。

（二）巧用押字法

【例文】

1. 落实鼓励激励机制，释放“追赶超越”内动力。

2. 健全容错纠错机制，激发“追赶超越”新活力。

3. 构建能上能下机制，增强“追赶超越”外压力。

（三）巧用引字法

【例文】

一是做“强”农业龙头企业。

二是做“优”现代高效农业。

三是做“大”新型农业经营主体。

四是做“实”基层组织建设。

四、经验材料范文

下面给大家分享一篇经验材料的范文做参考（部分内容省略）。

奋力书写新时代精神文明建设的“成都答卷”

成都坚定贯彻落实习近平总书记对四川及成都工作系列重要指示精神，推动经济社会发展取得新的成效。在连续5届蝉联全国文明城市的基础上，成都坚持不懈地把文明城市创建作为龙头工程、系统工程、民心工程，与公园城市示范区建设一体谋划、一体推进，加快建设更高水平的文明城市。

一、坚持举旗定向、立心培元，铸造公园城市文明之魂

……

二、坚持以文化人、以文润城，厚植公园城市文明之根

……

三、坚持生态优先、绿色营城，筑牢公园城市文明之基

……

四、坚持创建为民、创建惠民，夯实公园城市文明之本

……

成都将全力争创全国文明典范城市……奋力书写新时代精神文明建设的“成都答卷”。

第四节

工作总结写作实战

工作总结，是职场中运用极广的一类文书。工作总结顾名思义，就是对已经完成的某项工作或某一阶段的工作进行全面系统的回顾和分析研究，明确所取得的经验和成绩、应当吸取的教训、存在的问题，并使之条理化、规范化的文稿，可以用来肯定成绩、积累经验、发现问题、找出教训、认识规律、明确方向，以指导今后的工作。

工作总结“花样”众多，有汇报型工作总结、经验型工作总结、自查问题工作总结，有党委工作总结、机关工作总结、部门工作总结，有党风廉政建设总结、党支部建设总结、人才队伍建设总结，有年度工作总结、半年工作总结，但不管是什么样的工作总结，都有两个共同的特点：材料真实、观点有指导性。因此，笔杆子们在撰写工作总结的时候，要始终坚持问题导向，坚持实事求是、理性分析的原则。

一般情况下，工作总结的结构分为开头、工作情况和结尾三个部分。具体要由工作总结的目的、内容等确定。如果既总结工作又部署任务，结构是：开头、工作情况、部署任务、结尾四个部分，比如年度工作总结。如果单位较大或总结时间跨度较长，结构是：开头、工作情况、经验体会、部署任务、结尾。比如党代表工作报告。以下从开头、工作情况和结尾三个部分对工作总结的写作进行分析。

一、工作总结的写作要领

（一）开头

工作总结的开头通常用来清晰描写工作背景、工作思路以及完成任务的总体情况。这一部分切忌套话、空话，要言简意赅、高度概括、统领全篇。

（二）工作情况

工作情况部分要把“干了什么”和“怎么干的”写清楚。是否写成绩、经验或者问题等部分，要根据实际情况去做具体分析。比如单位过去一年做得不错，上级组织要举办一次经验交流会，以你的单位为标杆，那么撰写工作总结肯定少不了写成绩和经验，而问题这一部分则可以少些或者干脆略过。

1. 成绩部分。取得的成绩，要开门见山直接讲出来，不要拐弯抹角。如果成绩涉及的方面较多，可以将成绩部分分成若干层次来写。

2. 经验部分。这部分篇幅可长可短，视具体情况而定，可以写通过工作实践形成的主要收获和启示或者教训。需要注意的是经验部分与成绩部分既有联系又有区别。从表达方式看，成绩部分重叙述，经验部分重议论；从语言风格看，成绩部分标题常用“了”，经验部分标题常用“是”“坚持”“必须”。

3. 问题部分。要精准点出问题，要防止和克服讲问题浮于表面的倾向，但也不能小题大做。

4. 打算部分。这部分主要讲今后的任务和具体措施，通常以“要……”来描述具体打算。如果是单项总结，这部分要写得简明扼要、中肯有力，并可作为结尾。如果是既总结工作又部署任务的综合性工作报告，写法就复杂些，要包括总的任务和总体工作思路、具体任务目标和措施要求。

（三）结尾

一般长篇的总结材料大都有段结束语，既深化对过去的认识，又展望未来。结尾部分语句要言简意赅，富于鼓动性，以激励人们对未来充满信心。

二、工作总结范文

工作总结范文如下（部分内容省略）。

在中国共产党湖北省第十二次代表大会上的报告

中国共产党湖北省第十二次代表大会，是在喜迎党的二十大胜利召开的重要时刻、向第二个百年奋斗目标进军的关键节点，召开的一次十分重要的会议。大会的主题是：高举习近平新时代中国特色社会主义思想伟大旗帜，深入贯彻落实习近平总书记关于湖北工作的重要讲话和指示批示精神，立足新发展阶段，完整准确全面贯彻新发展理念，努力建设全国构建新发展格局先行区，加快“建成支点、走在前列、谱写新篇”，奋进全面建设社会主义现代化国家新征程。

一、过去五年的工作

省第十一次党代会以来，在以习近平同志为核心的党中央坚强领导下，我们坚持以习近平新时代中国特色社会主义思想为指导，深入学习贯彻习近平总书记关于湖北工作的重要讲话和指示批示精神，牢记嘱托、感恩奋进，推动“建成支点”实现历史性突破、“走在前列”迈出关键性步伐、“谱写新篇”取得标志性成果，完成了省第十一次党代会确定的主要目标任务。

（一）以党的政治建设为统领，推进新时代全面从严治党的革命性锻造。

（二）全力打赢武汉保卫战、湖北保卫战，巩固拓展疫情防控决定性成果。

（三）认真贯彻新发展理念，推动疫后重振和高质量发展取得重要进展。

（四）全面建成小康社会，不断满足人民群众对美好生活的新期待。

（五）持续加强社会主义民主政治建设，凝聚同心共进强大合力。

（六）围绕举旗帜、聚民心、育新人、兴文化、展形象，推进宣传思想文化工作守正创新。

（七）坚持生态优先、绿色发展，打好以长江大保护为重点的污染防治攻坚战。

回顾五年来的奋斗历程，我们更加深刻体会到：

必须坚持把做到“两个维护”作为最高政治原则和根本政治规矩。党的十八大以来，习近平总书记四次考察湖北，参加全国人大湖北代表团审议，为新时代湖北改革发展把脉定向、指路领航，为打赢武汉保卫战、湖北保卫战提供坚强保证、注入强大力量。历经大战大考，我们更加深切感受到，泰山压顶、风雨来袭时，习近平总书记是最可信赖的核心，以习近平同志为核心的党中央是最可靠的主心骨，总书记的谆谆教导、殷殷嘱托是做好湖北工作的科学指引和根本遵循。奋进新征程，只要我们深刻领悟“两个确立”的决定性意义，增强“四个意识”、坚定“四个自信”、做到“两个维护”，自觉把湖北工作放到党和国家事业发展全局中谋划推动，一丝不苟贯彻落实党中央决策部署，就一定能创造新时代更加辉煌的业绩！

必须坚持以人民为中心的发展思想……

必须坚持以系统观念谋划推动经济社会发展……

必须坚持改革开放。必须坚持全面从严治党……

同时，必须清醒看到，我们的工作离党中央的要求、离人民群众的期盼，还有不小差距。在经济社会发展方面，发展不平衡不充分的问题比较突出，经济发展质效有待提升，四化同步发展的整体性、协调性、均衡性不强，九省通衢的区位优势未能充分转化为发展的优势，产业链供应链韧性和竞争力还需增强，科教人才优势发挥不够，营商环境仍需改善，县域发展内生动力不足，民生领域还有不少短板。在干部思想观念和工作作风方面，小富即安的思想、甘居中游的意识比较明显，国际眼光和全球视野不够，市场观念、法治思维、群众意识还有欠缺，一些干部不担当、不作为问题还比较突出，一些干部不愿做、不敢做、不会做群众工作。在管党治党方面，反腐败斗争形势依然严峻复杂，防止“四风”问题反弹回潮压力较大，少数基层党组织政治功能和组织功能有待增强，等等。对这些问题，我们要高度重视，有针对性地采取措施，切实加以解决。

二、准确把握新发展阶段湖北面临的新形势新任务

我们要把握立足新发展阶段、贯彻新发展理念、构建新发展格局这条主线，深刻认识湖北发展的历史方位和形势任务。

（一）准确把握新发展阶段的时代特征……

（二）准确把握构建新发展格局对湖北发展的内在要求……

（三）准确把握湖北在构建新发展格局中的有利条件……

今后五年工作的总体要求是：高举习近平新时代中国特色社会主义思想伟大旗帜，全面贯彻党的十九大、二十大精神，认真贯彻落实习近平总书记关于湖北工作

的重要讲话和指示批示精神，深刻领悟“两个确立”的决定性意义，增强“四个意识”、坚定“四个自信”、做到“两个维护”，弘扬伟大建党精神，统筹推进“五位一体”总体布局，协调推进“四个全面”战略布局，坚持稳中求进工作总基调，立足新发展阶段，完整准确全面贯彻新发展理念，努力建设全国构建新发展格局先行区，推动高质量发展，促进共同富裕，加快“建成支点、走在前列、谱写新篇”，奋进全面建设社会主义现代化国家新征程。

建设全国构建新发展格局先行区，是我们落实国家重大战略必须肩负的历史使命，是“建成支点、走在前列、谱写新篇”在新发展阶段的内在要求，是湖北全面推进社会主义现代化建设的重要路径。今后五年，要围绕建设全国构建新发展格局先行区，统筹衔接“十四五”规划的目标，努力实现以下目标：

一是创新发展迈上新台阶……

二是四化同步取得新进展……

三是改革开放实现新突破……

四是民生福祉达到新水平……

五是治理效能得到新提升……

六是党的建设取得新进步……

到21世纪中叶，全面建成富强民主文明和谐美丽的社会主义现代化新湖北，物质文明、政治文明、精神文明、社会文明、生态文明全面提升，经济社会发展主要指标达到发达经济体平均水平，全体人民共同富裕基本实现，为全面建成社会主义现代化强国、实现中华民族伟大复兴的中国梦作出更大贡献。

三、加快建设全国构建新发展格局先行区

（一）统筹抓好发展和安全两件大事，坚决守住构建新发展格局的安全底线……

（二）坚持创新驱动发展，加快建设现代产业体系……

（三）积极融入全国统一大市场，打造国内大循环的重要节点和国内国际双循环的重要枢纽……

（四）推进区域协调发展和新型城镇化，提高经济集聚度和城市竞争力……

（五）以强县工程为抓手，全面推进乡村振兴……

（六）全面深化改革开放，打造内陆开放新高地……

（七）坚定文化自信，加快文化强省建设步伐……

（八）更大力度保障和改善民生，夯实共同富裕基础……

（九）大力发展社会主义民主政治，广泛凝聚各方智慧和力量……

四、坚持和加强党的全面领导，切实提高建设全国构建新发展格局先行区的能力和水平

（一）加强党的政治建设，坚定捍卫“两个确立”……

（二）学深悟透新时代党的创新理论，做习近平新时代中国特色社会主义思想坚定信仰者和忠实实践者……

（三）坚持新时代好干部标准，建设忠诚干净担当的高素质专业化干部队伍……

（四）加强基层党组织建设，打造坚强战斗堡垒……

（五）走好新时代党的群众路线，始终保持与人民群众的血肉联系……

（六）永葆自我革命精神，继续打好党风廉政建设和反腐败斗争这场攻坚战、持久战……

让我们更加紧密地团结在以习近平同志为核心的党中央周围，高举习近平新时代中国特色社会主义思想伟大旗帜，以永不懈怠的精神状态和一往无前的奋斗姿态，踔厉奋发、笃行不怠，努力建设全国构建新发展格局先行区，加快“建成支点、走在前列、谱写新篇”，为全面建设社会主义现代化国家、实现中华民族伟大复兴的中国梦作出新的更大贡献！

第五章

计划类公文写作实战技巧及模板

在公文写作中，计划类公文指的是为达到某一目标或完成某一任务而提前对工作做设计和安排的相关文稿，包括繁杂、全面的“方案”，深入、细致的“计划”，以及切近、具体的“安排”等体裁。

第一节

方案写作实战

方案的类型有很多种，有用于工作的“工作方案”，也有用于会议的“会议方案”，还有综合性的“总体方案”，具体细化，还可以分为接待方案、调研方案、会议方案、培训方案、活动方案、整治方案、宣传方案、实施方案等种类。方案是计划类公文中内容较为复杂的一种。由于一些具有某种职能的具体工作比较复杂，不做全面部署不足以说明问题，因而公文内容构成势必要烦琐一些。

在实际工作中，方案一般是附在通知里面下发的，因此不用单独写落款。撰写方案通常离不开两个板块：标题、正文。标题的写法，可以是“（发文机关）+事由+文种”或者“事由+文种”，如：《中共中央办公厅关于在全体党员中开展“学党章党规、学系列讲话，做合格党员”学习教育方案》。正文首先简述发文背景、目的以及本地区实际情况，然后写“制定如下方案”，这段的字数一般不用太多，通常25～75个字就足够了；然后讲总体要求（指导思想、基本原则、工作目标），再讲重点任务或重点内容或工作重点，接着讲主要措施，下一步按照准备动员阶段、推进落实阶段、总结提升阶段写实施步骤（持续3个月以上的活动方案一般都需要写，活动持续时间在3个月以下可以忽略），最后写组织保障或工作要求，如加强组织领导、明确工作职责、强化保障力度等。

接下来根据内容不同，给大家详细传授对应的方案撰写技巧。

一、组织活动类方案

这类方案里面的活动时间一般比较短且明确，如宣传、调研、检查、会议、培训等方案。这类方案在开篇一般写背景、目的，最后用过渡语（如：现制定如下方案）引出具体方案，具体方案中要写清楚主题、时间、地点、人员、内容、形式、工作要求等内容，如调研方案要搞清楚调研目的、调研时间、调研地点、调研人员组成、调研内容（调研对象）和调研方式（查阅资料、召开座谈会、实地调查、问卷谈话等）以及调研步骤。在这里特别讲解一下工作中十分常见的会议方案、培训方案和接待方案。

（一）会议方案

撰写会议方案，一定要确定好会议议题和主旨，然后是掌握好确切的会议时间、会议地点、参会人员（包括出席人员、列席人员等）、会议议程、会务安排、会务保障等信息。

（二）培训方案

培训方案同样要确定好培训主题、培训时间和培训地点，在人员方面不单单要确定参训人员，还有写清楚授课教师，同时还要写清培训的主要课程、培训方式及食宿安排、宣传报道、经费预算、纪律要求等相关内容。

（三）接待方案

要写好接待方案，重点把握五大要素：一是接待的时间；二是接待的人物（来访人员、陪同人员、随行人员）；三是行程安排（一般具体到每个半天）；四是食宿安排（确定房间号、就餐点，注意性别、饮食习惯）；五是车辆安排（如申请公车）。除此之外还要注意座谈安排、宣传报道、经费预算等相关细节。

二、推进工作类方案

这类方案包括实施方案、整改方案、工作方案、宣传方案等，开篇一般写背景（如工作的意义、工作的现状、上级的要求、工作的成绩）、目的、依据，如“为表彰先进，交流经验，贯彻落实上级意见，研究强化工作举措，动员和推动××区党委办公部门和工作人员不断提升‘三服务’工作水平，结合工作实际，特制定方案如下……”。接下来讲指导思想，讲工作原则，然后到工作目标，接着到重点任务或者重点内容，再到主要措施（比如宣传方案里面提到的通过传统媒体宣传、新媒体宣传、举办活动、直播等方式加大宣传力度的措施）、实施步骤，最后写组织保障（如加强组织领导、强化督导考核等）。

下面是方案的范文。

全省优化营商环境暨社会信用体系建设工作推进会议方案

为落实《G省“十四五”营商环境暨社会信用体系发展规划》精神，顺利召开会议，制定本方案：

一、会议时间。××××年××月××日，上午9:00。

二、会议地点及形式。采取视频会议形式，主会场设在省政府第三会议室，各地市自行设置分会场。

三、参会人员。主会场：省长，分管副省长，省直有关单位负责人及相关人员。分会场：参会人员参照主会场，结合实际自行确定。

四、会议议程。会议由分管副省长主持。（一）各地市汇报优化营商环境暨社会信用体系建设工作情况；（二）分管副省长安排落实《规划》任务；（三）省长做总结讲话，提出工作要求。

五、工作安排。省政府办公厅牵头成立会议筹备组，下设会务组、材料组、后勤组、宣传组，强化分工协作。

第二节

计划写作实战

公文写作中的计划，通常指的是狭义的计划。计划的时间一般在一年、半年左右，范围一般都是一个单位的全面工作或某一大项重要工作，内容和写法要比“规划”具体、深入，要比“设想”正规、细致，要比“方案”简明、集中，要比“安排”概括度高。

一、计划的写作要领

撰写公文中的计划，一般分为三个部分，分别是开头、主体和结尾。

（一）开头

计划的开头要阐述依据，概述情况，或直述目的；整段行文要写得十分简明扼要。

（二）主体

这一部分就是计划的核心。主体要讲“做什么”（目标、任务）、“做到什么程度”（要求）和“怎样做”（措施、办法）三项内容。既要写得全面周到，又要写得有条不紊、具体明白。如果是写比较全面的单位工作计划，建议采取“并列式结构”

（任务、措施分段说）。

（三）结尾

计划的结尾可以突出重点，可以强调有关事项，也可以提出简短号召，视具体情况而定。没必要写的时候，也可以不写结尾。

二、计划范文

接下来给大家展示一下计划的范文。

【例文1】（重要工作计划，部分内容省略）

A市经济开发区关于推进××全会精神进企业的工作计划

为深入贯彻落实××全会精神，增强全区企业学习氛围，特制定本工作计划。

一、工作目标

通过宣传、学习等形式，帮助企业准确掌握××全会精神，努力形成积极向上、奋勇争先的新局面，提高理论指导实践的精准度。

二、工作举措

（一）多渠道宣传推广。编制××全会宣传材料，借助各类新兴媒体及企业服务平台进行循环播放，做到宣传无死角……

（二）全方位对接服务。搭建或借助已有服务平台，强化政府与企业的联系，畅通沟通渠道……

（三）深层次创新形式。结合企业需求及人员结构特征，精心策划知识竞赛、演讲、座谈等多种形式的学习活动……

（四）广范围挖掘典型。注重学习模范、精神领袖等各类典型标杆的培育和挖掘，突出示范引领作用……

三、工作要求

（一）强化领导，压实责任。组建临时工作小组统筹推进各项学习活动，坚持分片划区责任制，明确责任分工……

（二）突出主题，精心策划。坚持以××全会精神为核心，创新活动内容，突出活动特色……

（三）注重服务，讲求实效。充分发挥党员干部先锋模范作用，讲究活动实效，确保形成长效机制……

【例文2】（全年工作计划，部分内容省略）

G省“一带一路”建设2022年行动计划

为深入贯彻落实党中央、国务院关于“一带一路”建设总体部署，推动共建“一带一路”高质量发展，持续推进“一带一路”五大中心建设，大力发展枢纽经济、门户经济、流动经济，积极发挥“一带一路”重要节点作用，加快形成对外开放新格局，特制订本行动计划。

一、推进交通商贸物流中心优化升级。

（一）加快国际航空枢纽建设。

……

二、推进国际产能合作中心深化拓展。

（一）持续建好境内国际合作园区。

……

三、提高科技教育中心影响力。

（一）深度参与“一带一路”科技创新行动计划。

……

四、促进国际文化旅游中心做强做优。

（一）实施文化“走出去”战略。

……

五、加快丝绸之路金融中心创新发展。

（一）积极稳妥推进境外经贸合作区建设。

……

【例文3】（短期活动工作计划，部分内容省略）

关于农业科技和医疗卫生下乡活动的工作计划

为深入贯彻落实中央和省农村工作会议，切实增强农业科技服务能力，为农民提供更优质的医疗卫生服务，进一步提高农民的科技、文化素质和农业生产的科技含量，确保农业科技和医疗卫生下乡活动扎实有效地开展，特制定本工作计划。

一、目标任务

推广先进的农业技术，为农民提供更优质的医疗卫生服务，拓展广大农民朋友与专家沟通联系的渠道，为社会主义新农村建设贡献力量。

二、总体安排

活动时间：2023年2月20日。

活动地点：××。

具体行程：2023年2月20日早7点在省科技厅集合，集中乘车前往××……

三、活动内容

一是开展急救避险意识和技能讲座。由省医师协会牵头，省中山医院参与，在××中学举办"提高急救避险意识和技能"的讲座，增强青少年的急救避险意识和技能。

二是开展农业实用技术培训。由省科技厅牵头，省农科院参与，采用理论讲解与现场演示相结合的手法，在××开展农业实用技术培训，进行优良禽畜和果树新品种推介、农资产品展销，派发农业实用科技资料、优质水稻、蔬菜种子、肥料等生产资料，解答实际问题。

三是开展现场义诊活动。由省医师协会牵头，省中山医院、省中医院参与，在××镇开展现场医疗卫生义诊，帮助就业困难群众。

四、工作要求

一是注重工作合力，精心部署安排。二是注重群众需求，解决实际问题。三是注重方式方法，做好活动总结。四是注重工作氛围，做好宣传报道。

联络员：××；联系电话：××；邮箱：××。

附件：参加活动人员名单

第三节

安排写作实战

安排是计划类公文中较为具体的一种体裁，一般是由于某项工作比较重要，且要求具体，不做细致安排就不能达到目的，因此其安排内容要写得详细一些，有利于干部与职工全面把控。

安排的撰写方式比较简单，主要是两部分。第一部分是标题，一般是写“事由+安排”；第二部分是正文，正文可以先写指导思想或者目的，然后再写具体的安排内容（措施、时间、地点、人物、事件等），最后写有关要求和注意事项（可有可无）。

安排的范文如下（部分内容省略）。

【例文1】

2022年××单位党委中心组学习安排

一、指导思想

……

二、学习方式

（一）集中学习……

（二）个人自学……

（三）中心发言……

（四）调查研究……

三、内容安排

第一专题：关于习近平总书记系列重要讲话精神的专题学习。

第二专题：关于全面深化改革的专题学习。

第三专题：关于全面依法治国的专题学习。

第四专题：关于经济发展的专题学习。

第五专题：关于民生建设的专题学习。

第六专题：关于全面从严治党专题的学习。

四、有关要求

（一）加强组织领导……

（二）落实学习制度……

（三）创新学习方式……

【例文2】

新年活动安排

一、活动背景

……

二、活动安排

（一）活动目的：总结过去，展望未来，放松心情，快乐PK，让员工在比赛中增进团队凝聚力，在游戏中增进沟通与协调。

（二）活动时间:××××年××月××日××时。

（三）活动地点：暂定（可考虑公司厂区搭建大舞台）。

（四）活动内容：

1. 卡拉OK大PK：以团队形式参与卡拉OK比赛。

2. 群英荟萃大PK：本着创新创造、展望未来、努力进取的原则，可表现项目推进这几个月的变化。节目类型不限，人员不限，以节目为单元进行。

3. 感恩顾问组环节：组织排练小品，以项目推行这几个月的故事或进步为背景编制感恩卡，体现项目推进后的士气和精神，现场抽取几位代表朗读，并送出全体员工感恩卡。

4. 节目结束，安排全体员工与客户组合影留念。

5. 活动结束，安排晚宴。

（五）主办部门：行政人资部。

（六）协办部门：公司其他部门。

（七）参加人员：××公司全体员工及客户组。

（八）相关工作人员：策划人员，总指挥长，主持人，礼仪人员，摄影师及影像后期制作人员，DJ，后勤人员等。

三、注意事项

……

【例文3】

××整改专题民主生活会会议议程安排

根据中共××市纪律检查委员会、中共××市委组织部印发《关于认真开好××整改专题民主生活会的通知》（××组通〔2021〕18号）的规定和市委有关要求，为开好我局××整改专题民主生活会，特制定议程如下：

（一）会议时间

2021年4月19日（星期一）上午9:30召开。

（二）会议地点

局会议室。

（三）参会人员

局领导班子成员。

（四）会议议程

1. ××同志汇报本局征求意见情况。

2. ××同志代表局领导班子做对照检查发言。

3. 局领导班子成员依次做对照检查发言，作自我批评，其他班子成员对其提出批评意见。

4. ××同志总结会议情况，提出整改要求并表态发言。

中共××局党组

2021年4月12日

在这里再跟大家讲解一下另一种比较常用的衍生文体——“要点”。要点，实际就是计划类公文的“摘要”。比如我们常见的“工作要点”，就是对往后的一段时间内的工作重点做出安排的一种计划性事务文体。在写作的结构方式上，大都是并列式，可分若干项目一贯到底，也可分几大项，大项下分若干小项，其中的小项可在每一大项下单独排列，也可全文排列。

要点的范文如下。

【例文1】

××市委全面深化改革领导小组2023年工作要点

一、深化生态文明体制改革。

……

二、深化美丽家园建设相关改革。

……

三、深化××经济合作区建设各项改革。

……

四、深化经济体制改革。

……

五、深化社会体制改革。

……

六、深化民主法治领域改革。

……

七、深化文化教育卫生体制改革。

……

八、深化党的纪律检查体制改革。

……

九、深化党的建设制度改革。

……

【例文2】

××机构集中月活动工作安排的要点

一是“深”调研。通过走访、座谈、问卷、网络等方式搜集问题，列出问题清单。

二是“明”职责。撰写活动方案，分工明确，召开动员部署会并组织人员培训。

三是“抓”落实。通过专家解读、在线访谈等方式进行宣讲走访，举办要素对接会、项目供需会解决发展问题。

四是“树”典型。挖掘先进典型，全市推广，营造浓厚氛围。

第六章

新闻类公文写作实战技巧及模板

新闻类公文在机关群团单位和大型企事业单位中都是非常实用的一种文体，常见的简报、政务信息、新闻报道、编者按都属于新闻类公文的范畴。

第一节

简报写作实战

公文写作中，常用到的简报一般有三种：工作简报、情况简报和会议简报。

一、工作简报

工作简报的用途，是报告工作动态、工作中出现的问题或分享工作经验等。工作简报根据内容还可以细分为日常工作简报和中心工作简报。

（一）日常工作简报又称业务工作简报，这是一种反映本地区、本系统、本部门日常工作或问题的经常性简报。它包含的内容较广，工作情况、成绩问题、经验教训、表扬批评、对上级某些政策或指示执行的步骤等都可以反映。它常以定期或不定期的形式出现，在一定范围内发布。

（二）中心工作简报又称专题工作简报，这是一种阶段性的简报。它往往是针对工作中某一时期的中心工作、某项中心任务所做的简报。中心工作或中心任务完成了，简报也就停发了。

二、情况简报

情况简报反映人们关注的问题，供单位领导参考。这类简报的时效性、机密性较强，要求迅速编发，发送范围有一定限制，在某一个时期、某一阶段要求保密。

三、会议简报

会议简报主要反映会议交流、会议进展情况，是一种临时性的简报。内容包括会议中的情况、会议发言及会议决定等。规模较大、时间较长的会议常要编发多期简报，以起到及时交流情况、推动会议顺利开展的作用。小型会议一般是一会一期简报，常常在会议结束后，写一期较全面的总结性的情况反映。

简报的结构，一般分为三部分：报头、报核（事件）和报尾。

简报的编发日期在报头右下方，编发单位名称在报头左下方。根据需要，还可以在报头左上方印上机密等级和编号。报头与报核之间用一横线隔开，以示区别。简报的格式相对简单，重点是正文内容要写得出彩。

在这里给大家展示两篇有代表性的简报例文。

【例文1】

2019年第1期

（总第211期）

L市委平安××建设领导小组办公室　2019年××月××日

以铁证筑铁案

——L市纪委监委严肃查处××腐败案

2019年××月，L市中级人民法院一审判决某市人大常委会原秘书长××犯受贿罪，法院认定××的罪名、事实、数额，与L市纪委监委起诉意见书的认定完全一致，××未提出上诉。该案时间跨度长，涉案人员多，办理过程中有效贯通纪法、衔接司法，确保了定性准确、证据确实充分。

一是遵循标准，严把证据关。针对案件关键证人谭某、刘某移居境外不愿回国的情况，审核员及时与法院沟通审判证据标准，证人到境外指定律师事务所公证，取得完整证据链。

二是前移关口，严把审核关。审理部门提前介入，对××的身份情况、利用职权谋取利益等方面提出了补证意见；在案件审理阶段邀请检察机关提前介入，把法律争议、证据问题解决在移送审查起诉前。

三是调查细致，严把质量关。专案组不放过任何蛛丝马迹，在查阅涉案人陈某档案时发现其向××行贿20万元前不久被提拔重用，顺藤摸瓜，查明了××为陈某职务调整提供帮助所贿送的事实。

【例文2】

多措并举稳就业　抗击疫情保民生

面对疫情大考，L市多措并举，稳就业保民生，实现新增城镇就业2.4万人，失业率低于省定控制目标。

出台硬核举措强保障。一是健全政策机制。制发稳就业稳复产系列政策，成立工作专班，健全协同机制。二是优化服务供给。保障企业需求，优选税务人员，提供一对一咨询服务。三是加强金融支持。做好减税降费，创新线上金融产品和税费减免服务，减费超1亿元。

创新线上模式促就业。一是推行线上招聘。开展52场公益、企业网上招聘活动。二是提供线上培训。推出数字培训资源，开设网红培训班，开展培训298人次。三是创业促就业。积极开展创业活动，吸引74个项目报名参赛。

聚焦重点群体兜底线。一是保障高校毕业生就业。为吸纳高校毕业生就业的企业提供补贴。二是帮扶困难人群。援助零就业家庭，安置派遣贫困户，延长公益性岗位合同期，公益性岗位安置25人。三是助力农民工返岗。推出外出务工人员健康二维码，帮助3.3万人安全健康返岗复工。

第二节

政务信息写作实战

公文写作中的政务信息，一般指由政府机关掌握的信息，如政府中心工作有关信息。政务信息通常由政府机关合法产生、采集和整合，与经济、社会管理和公共服务相关，以特定载体反映内容，拥有宏观性、真实性、权威性的特点。写好政务信息，对于笔杆子们来说是很关键的，因为它是领导决策的“情报部”，是掌握工作进度的“显示屏”，是把握大局趋势的“晴雨表”，也是发现和处理问题的“预警器”。

政务信息的类型有很多种，有动态型，反映工作动态、思想动态、会议动态、社会动态等；有决策反馈型，部署贯彻落实上级重要会议精神、重大改革举措；有问题型，反映重点整治的问题、潜在问题、违法案件信息；有建议型，这一类一般包括提出问题、分析问题、解决问题三个部分；有经验型，这一类一般首先简单交代背景和目的，然后具体介绍主要做法，最后介绍工作成效；还有重要讲话活动型，这一类会经常用到“会议指出”“会议认为”“会议强调”等词语。

一、政务信息的写作注意事项

不管什么类型的政务信息，撰写时都要注意以下三点。

（一）长稿短写

一般公文都要求行文精简，政务信息更是这样。首先政务信息反映的点位不可过多，不能洋洋洒洒写好几件事情；其次是要集中写某一个侧面、某一点，做到散稿写精、虚稿写实，不妄加结论性、评论性的语言。最重要的是，核心内容要写好，关键部分要用提神的语言来表达。

（二）实事求是

写政务信息要坚持实事求是的文风，规避“假大空”。语言要求准确、朴实、精练、明快、提神，避免客套话、空话和乱喊口号。

（三）角度客观

笔杆子们撰写政务信息的时候应站在第三者的角度来反映本单位开展的工作，杜绝在文章中出现“我们、我局、我市”等第一人称角度的用语。

二、政务信息范文

政务信息的范文如下（部分内容省略）。

广西××：“三个课堂”抓好疫情防控期间党员教育

……疫情发生以来，广西××市广大党员充分发挥先锋模范作用，迅速响应、勇于担当、积极行动，全面落实联防联控措施，扎实开展宣传引导、人员摸排、服务保障、清洁消毒等各项防控工作。针对疫情防控期间时间紧、任务重、要求严以及减少人员聚集等要求，各级党组织创新党员教育的方式和载体，推动党员教育安全、有序、有效开展，确保党员教育“不断线、不断档、不冷场”。

用好“喇叭课堂”广泛学。充分发挥农村大喇叭宣传教育“硬核”作用，开设“喇叭课堂”，采取“广播室作讲台、基层党组织书记当讲师”的方式，推动“农大喇叭”宣传教育规范化、制度化、常态化。用通俗语言、民族语言，将党和国家的方针政策以及新型冠状病毒感染的防控知识传递到房前屋后、田间地头，让农村党员随时能接受思想教育，让党的疫情防控政策入脑入心。教育引导党员带好头、作表率、当先锋，把打赢疫情防控阻击战作为当前的重大政治任务，增强贯彻落实的自觉性和坚定性，在宣传引导、组织动员、联防联控、群防群治中勇挑重担、主动作为，争做疫情防控的宣传员、劝导员、战斗员和监督员。截至目前，共计利用乡村大喇叭开展宣传教育××次。

用好“移动课堂”随时学。借助“互联网+”快捷、方便、实时、互动的优势，开设掌上“移动课堂”，让党员身边的手机变成学习的有效载体，通过学习强国等平台，及时发布学习清单、活动计划、学习资料等，将各级党组织抗击疫情的典型案例、经验做法等实时推送传播，让学习内容时时有、处处见，不集中教育也能参加学习。……交流研讨每名党员在疫情防控方面的具体任务，在线分析党员发挥作用上的存在问题和改进措施，开设疫情防控“微党课”，让党课鲜活起来，确保党员可以充分利用碎片时间随时学习、随地学习，不断提升学习的针对性和实效性。截至目前，共计通过综合服务平台发送信息××条。

用好“实践课堂”结合学。……开设“实践课堂”，以党建引领扎实推进疫情防控工作，学在一线，干在一线，拼在一线。把学习教育与贯彻落实上级决策部署结合起来，与坚决打赢疫情防控阻击战各项工作结合起来，真正把所学知识消化吸收，转化为解决工作中存在重点难点问题的能力和本领，提高运用科学理论武装头脑、指导实践、推动工作的能力。以××等先进典型为学习榜样，明方向、找差距、促整改、抓落实，激发奋进力量，做到“亮初心、守初心、固初心”，把“初心”筑牢，把“使命”担实，掀起学习先进典型争做先进典型的热潮，形成主动作为、奋勇争先、比学赶超的良好氛围。截至目前，共计组织发动党员××人次，组建党员战斗队××支，走访排查××户××人。

第三节

新闻报道写作实战

新闻报道指记者通过文字、视频等方式对新近发生的事实进行报道的新闻作品，主要是“记事”，因而具有时效性、针对性、可读性等特点。

新闻报道一般分为消息、通讯、评论、调查报告和新闻照片。消息包括动态消息、综合消息、经验消息和述评消息，通讯包括人物通讯、事件通讯、工作通讯和概貌通讯。在撰写新闻报道的时候，要客观地记叙事实、评述实事，要关注细节，同时要写清楚六要素（时间、地点、人物、起因、经过、结果），点面结合，做到观点鲜明、事实清楚、迅速及时、简洁准确。

新闻报道的框架一般包含标题、导语、主体、结尾，具体写法根据不同内容，切入点不同。

一、会议类新闻报道

会议类新闻报道的文稿，实际相当于会议纪要的宣传版本。标题一般按“××召开/主持××次会议”撰写。正文的写法有两种：第一种是先以导语开头，写“是什么”“为什么”“怎么办”，然后加上会议议程；第二种是时间、地点、人物、事件作导语，再写“为什么”和“怎么办”。最后的结尾可以写也可以不写。

会议类新闻报道相关范文如下（部分内容省略）。

习近平主持召开中央财经委员会第十次会议

中共中央总书记、国家主席、中央军委主席、中央财经委员会主任习近平8月17日主持召开中央财经委员会第十次会议，研究扎实促进共同富裕问题，研究防范化解重大金融风险、做好金融稳定发展工作问题。习近平在会上发表重要讲话强调，共同富裕是社会主义的本质要求，是中国式现代化的重要特征，要坚持以人民为中心的发展思想，在高质量发展中促进共同富裕；金融是现代经济的核心，关系发展和安全，要遵循市场化法治化原则，统筹做好重大金融风险防范化解工作。

中共中央政治局常委、国务院总理、中央财经委员会副主任李克强，中共中央政治局常委、全国政协主席汪洋，中共中央政治局常委、中央书记处书记、中央财经委员会委员王沪宁，中共中央政治局常委、国务院副总理、中央财经委员会委员韩正出席会议。

会议听取了……的汇报。

会议指出，改革开放后……

会议强调，共同富裕是全体人民的富裕，是人民群众物质生活和精神生活都富裕，不是少数人的富裕，也不是整齐划一的平均主义，要分阶段促进共同富裕。要鼓励勤劳创新致富，坚持在发展中保障和改善民生……

会议指出，要坚持以人民为中心的发展思想，在高质量发展中促进共同富裕，正确处理效率和公平的关系……

会议强调，要提高发展的平衡性、协调性、包容性，加快完善社会主义市场经济体制，增强区域发展的平衡性，强化行业发展的协调性，支持中小企业发展。要着力扩大中等收入群体规模……

会议指出，党的十九大把防范化解重大风险作为三大攻坚战之一，几年来，在党中央坚强领导下，国务院金融委按照“稳定大局、统筹协调、分类施策、精准拆弹”的基本方针推进工作，防范化解重大金融风险攻坚战取得重要阶段性成果……

会议强调，确保经济金融大局稳定，意义十分重大。要坚持底线思维，增强系统观念，遵循市场化法治化原则，统筹做好重大金融风险防范化解工作……

中央财经委员会委员出席会议，中央和国家机关有关部门负责同志列席会议。

二、工作类新闻报道

工作类新闻报道相当于现场版的工作总结。要注意保证标题、导语、正文要素齐全，以总分结构为主，主体内容简明扼要、主题突出、层次清晰、语言客观。

工作类新闻报道相关范文如下（宣介稿）。

扬××精神　建绿色家园

视觉上的××是绿色的，精神上的××是红色的。55年筚路蓝缕，三代人艰苦创业，铸就了牢记使命、艰苦创业、绿色发展的××精神。

扬牢记使命精神。××人听从党的召唤，响应党的号召，肩负“为××阻风沙，为××涵水源”的神圣使命，从全国集结上坝，用实际行动践行了对党忠诚、不负人民的铮铮誓言。

扬艰苦创业精神。××人在自然灾害面前不灰心，在艰难困苦面前不退缩，扎根荒原，无私奉献，用三代人的艰苦奋斗成功营造112万亩人工林，创造了沙漠变绿洲的绿色奇迹。

扬绿色发展精神。如今，××创造了大量就业岗位，带动了区域经济发展，发挥着重要的经济、生态和社会效益，诠释了绿水青山就是金山银山的理念，是推进生态文明建设的生动范例。

广大党员干部要学习和弘扬××精神，涵养对党忠诚、使命至上的崇高品质，树牢为民服务、甘于奉献的务实作风，奋力走好新时代的赶考之路。

第四节

编者按写作实战

编者按，也叫作导语、按，是报刊编辑对将要发表在该报刊上的文章所加的按语，表明某种观点、态度，给读者一些启示性的说明。编者按对字数要求严格，“不以篇幅论英雄”，通常为200～300字，甚至更短，因此编者按的语言要高度精练、简洁明了，切记长篇大论。同时，编者按必须展现鲜明的立场，对文章中普遍性和引人深思的问题，要明确表达编者的观点，发表旗帜鲜明的议论，或点明编辑意图，以启迪读者，这就要求笔杆子们在下笔的时候要切中要点。

按照内容和用途，编者按分为说明性按语、评价性按语、批示性按语三种。说明性按语要补充说明情况，交代所发表文章相关背景，如作者身份、刊载目的等，以帮助读者理解文章，引发其阅读的兴趣，增加其重视程度；评价性按语要提纲挈领地点明所发表文章的中心思想；批示性按语要直接陈述领导批示内容。

以下是编者按的范文。

一、说明性编者按范文

【例文1】

编者按：8月19日，学习时报发表了省委书记×××的署名文章《加快建设经济强省美丽河北　以实际行动迎接党的二十大胜利召开》。河北日报今日全文转载这篇文章，希望全省广大干部群众认真学习领会，深入贯彻习近平总书记重要指示和党中央决策部署，忠诚捍卫“两个确立”，坚决做到“两个维护”，解放思想、奋发进取，推动各项事业迈上新的台阶，加快建设经济强省、美丽河北，努力在新的赶考之路上交出优异成绩单。

【例文2】

编者按：随着经济社会的不断进步，高速发展的城市正在遭遇“垃圾围城”之痛，垃圾分类是破解“垃圾围城”的重要措施，已成为全社会共同关切的热点。本文通过梳理垃圾分类管理的发展阶段和机制保障、国际典型做法和成功经验，提出对策建议，供领导参阅。

【例文3】

编者按：党史学习教育开展以来，全市各级各部门认真贯彻落实中央和省委、市委决策部署，认真做到“规定动作”不走样、“自选动作”有创新。为及时反映全市开展党史学习教育的举措、进展和成效，本期编发市委办公厅、市医保局、金牛区、成华区、金堂县、成都轨道集团等地等部门（单位）专题学习、政治引领和“我为群众办实事”等方面的经验做法和特色亮点，供参考。

二、评价性编者按范文

编者按：最近，社会上涌现出了一批先进人物和感人事迹。（**总体概括**）包工头孙某遭遇车祸遇难后，弟弟代其给工人发放工资，是诚信典范；（**事迹一**）徐老师身患绝症却不下讲台，捐助灾区，帮助他人，是无私奉献的楷模；（**事迹二**）吴女士为救坠楼女童而受伤，折射出朴实、善良、勇敢、无私的美德。（**事迹三**）这是社会主义核心价值体系的生动体现，说明主流价值观念是健康的。（**总体概括**）本期编发三位先进典型的感人事迹，各级党员干部要学习这些模范人物的精神品质，对标榜样，培育和践行社会主义核心价值观，争做道德楷模。（**呼吁号召**）

三、批示性编者按范文

编者按：近期，市委××书记对《××日报》刊发的市人社局、市园林局开展教育实践活动的报道分别作出批示：“人社局在教育实践活动中认真进行整改，并向社会公布，接受群众监督，很有必要。”“以积极的态度对待群众意见，是我们的责任和义务。园林局的做法值得推广。”

市人社局、市园林局的做法，体现了以群众为根本、敞开大门解决问题的积极态度，值得学习借鉴。希望各单位始终坚持开门搞整改，围绕让群众满意真整真改，以实际成效回应群众期盼。

第七章

信函类文书写作实战技巧及模板

本章所讲的信函类文书，主要包括不相隶属单位之间（或个人与单位之间）相互商洽工作、询问和答复问题以请求批准和答复审批事项时使用的函，如请批函；表达情感的书信类文书，如感谢信。

第一节

联系函写作实战

函是唯一的平行文文种，联系函是其中特别常见的一种运用文，一般用于联系工作、介绍身份、衔接公务、互通信息。采用信函式标印格式，发文机关标志由发文机关全称或规范化简称组成，联合行文时使用主办机关标志。

一、撰写联系函的注意事项

撰写联系函，主要注意以下几点。

（一）语言简洁明快

因为是不相隶属的单位，因此联系函最大的语言特点是站位要“平等”。在函中讲述具体内容的时候，行文要开门见山、简洁明了。

（二）标题简单直接

函的标题往往都比较简单，联系函也一样，可以直接写《关于……的函》（“关于+事由+的函”），也可以由“制文机关+事由+文种”组成，或者直接写《联系函》《工作联系函》。

（三）内容一事一函

内容特点是一事一函。正文结尾一般用礼貌性语言向对方提出希望，正文后面一般还会附有结束语，如“特此函询”“请即复函”等，事项内容不同，结束语也不同。最后是右下方的落款，需要有署名和成文时间。

二、联系函范文

在这里，给大家列几篇不同类型的联系函范文。

（一）协助类联系函范文

湖北省住房和城乡建设厅办公室关于协助开展有关调研工作的函

武汉市、襄阳市、宜昌市住建局、城管委、房产局、园林局、公积金中心，厅机关有关业务处室，厅直有关单位：

为加强和改进住房和城乡建设立法工作，不断完善住房和城乡建设法律制度，住建部拟对住房和城乡建设法规体系进行全面梳理和研究。根据住建部要求和厅领导指示，现请你单位协助开展有关调研工作，具体要求如下：

一、请根据调研提纲（附件1）提出意见并填写意见表（附件2）。

二、附件电子版请到邮箱×××@sina.com（密码：×××）下载。

三、报送时间和方式。请于4月25日前，将意见表以正式文件形式报省厅，同时请将电子版发送省厅法规处，省厅汇总后报住建部。

联系人：×××；电话：×××；电子邮箱：×××@qq.com。

附件：

1. 调研提纲

2. 意见表

3. 住房和城乡建设法律行政法规目录

4. 住房和城乡建设现行有效部门规章目录

湖北省住房和城乡建设厅办公室

××××年××月××日

（联系人：×××；联系电话：×××）

（二）询问类联系函范文

××省信访局关于询问群众揭发村干部贪污粮款处理结果的函

××县人民政府：

2023年××月××日，我局以××信函（信访〔2023〕××号）商讨你县××村群众揭发村干部贪污粮款的问题，迄今已3个月，未见处理结果，是否已处理？请将结果函告我局。

××省信访局

2023年××月××日

（联系人：×××；联系电话：×××）

（三）答复类联系函范文

安徽省财政厅关于调整安排部分科技管理工作经费的复函

省科技厅：

你厅《关于申请拨付省科技厅机关服务中心非税收入的函》（皖科资秘〔2020〕311号）收悉。经研究，现函复如下：

根据《安徽省财政厅关于2020年度省级部门预算的批复》（皖财预〔2020〕43号）等有关规定，同意你厅调整2020年部分科技管理工作经费预算的意见（详见附表）。请加强资金管理，专款专用，切实提高专项资金的使用效益。

附件：2020年省科技厅部分科技经费指标调整表

安徽省财政厅

2020年××月××日

这里要注意的是，答复类联系函不用写附注，如果内容涉及多个事项，一定要标序号分段表述。另外，答复类联系函的结束语一般有固定形式，不要随意自创。

第二节

请批函写作实战

请批函，是向有关主管部门请求批准的函，与请示不一样的是，请批函的发文机关与收文机关是不相隶属的。“不相隶属”，即没有领导与被领导的关系、没有业务上的指导与被指导的关系，只是因为某些单位在开展工作的时候涉及的有些事务，本机关、单位或团体是没有决定权的，需要不同系统中的单位批准处理，这种情况下，请批函和联系函一样，必须体现出一种平等的沟通，姿态不能过低。

一、撰写请批函的注意事项

撰写请批函，需要注意以下几点。

（一）一事一函

一个请批函，通常只能请批一件事情：一是便于收文机关把握核心内容，及时作出批复；二是体现对需要请批的事情的重视。

（二）注重时效

请批函对工作时效有一定要求，当有关主管部门作出批示答复之后，发文部门往往要根据复函迅速开展工作，以免错过规定的时间。

（三）写法规范

1. 标题。标题可以采用“制文机关+关于+事由+文种”这样的方式撰写，如《××省作家协会关于转请审批××项目可行性研究报告的函》；也可以采用“关于+事由+文种”的方式写，如《关于请求核定××经济开发区四至范围和面积的函》。

2. 主送机关。写清楚主送机关的全称或者规范化简称。

3. 正文。函的正文一般主要包括两个层次，解决“为什么发函”和“函的主要内容”两个问题，请批函也一样。在开头段，先是讲明发函的缘由、根据、目的等，重点使用表达行文目的、依据或者原因的词语，如“为了”“由于”等，写清楚遇到的困难和批准所请求事项的必要性，然后经常使用“现将有关情况说明如下”等固定句式引出下文。[如果是复函类请批函，则一般是规范地引用来函的成文日期、标题以及发文字号去答复，如：“你局《关于×××的函》（×××〔202×〕××号）收悉……”，然后用“现就有关问题函复如下”等固定句式引出下文。]在中间段，则具体描述请求收文机关批准的具体事项，在这个过程中可提出对需要审批事项的打算、初步意见或详细预案、方案，有多种选项的时候应清晰表达出自身所倾向的意见等，为对方提供一些可资参考的意见，加快答复审批速度。（如果是复函类请批函，则一般是具体答复审批的内容，讲清楚审批的依据和要求，明确是否同意对方来函报批的事项及注意问题。如果不同意或者只同意某一部分，则要讲清楚理由。）在结尾段，可以再次向对方提出明确请求，最后用固定句式如“以上事项，请予批准”“请即复函”“请予批准为盼”等结束全文。

（四）用语得体

和绝大部分公文一样，请批函要尽量不写空话套话，讲事情开门见山，语言郑重平实，词句简练，多使用短句，无论是标题用语、文首用语还是结束用语都要注意固定搭配用词的运用。

要注意表达请求批准的语气和清楚直接的请示目的。在开头语中，重点使用表达行文目的、依据或者原因的词语，比如“为了”“关于”“由于”“对于”等，使目的表达明确、理由充分。特别是要写清楚自己工作中的现状，使行文对象明白其中的困难所在，以及批准所请求事项的必要性。

二、请批函范文

在这里给大家列几篇不同类型的请批函范文（部分内容省略）。

（一）请求类请批函范文

【例文1】

关于请求核定安徽泾县经济开发区四至范围和面积的函

宣城市自然资源局：

根据国家发展和改革委员会、科学技术部、自然资源部、住房和城乡建设部、商务部和海关总署下发的《关于开展开发区审核公告目录修订工作的通知》（发改外资〔2016〕815号）文件要求，我县所辖的安徽泾县经济开发区开展了开发区审核公告目录修订工作，以土地利用总体规划和城市规划图为工作底图，划定了泾县经济开发区的四至范围：东至晏公路、创业路，南至五里岗路，西至泾川大道，北至322省道，总面积约683.53公顷。现函请依法按程序核定，并转报省自然资源厅。

如无不妥，请予审核转报。

×××

2022年××月××日

【例文2】

××省人民政府关于申请免税进口救灾物资的函

海关总署：

今年我省遭受特大干旱，大批农作物枯死，养殖水产品因缺淡水成批死亡。8月

31日至9月2日又遭受了十六号强热带风暴及特大海潮的袭击。仅××、××、××三市就冲毁盐田××万亩、虾池××万亩，冲跑对虾××万公斤，损坏渔船××条；果树受灾××万亩，农业受灾××万亩，粮食减产××亿公斤，直接经济损失达××亿元。

灾情发生后，我省各级领导、各有关部门以及全省人民积极行动，全力开展抗灾自救。为保护出口货源，帮企业尽快恢复生产，我省经贸委安排进口钢材××万吨，胶合板××立方米，木材××万立方米，柴油××万吨，以发展灾后出口商品生产，确保完成今年出口××亿美元创汇任务。为此，特请海关总署减免我省经贸委统一安排进口的上述救灾物资的海关关税、产品增值税等。

特此致函，盼复。

××省人民政府

2019年9月25日

（二）复函类请批函范文

关于调整美国公民签证收费标准的函

北京市公安局：

你局《关于调整美国公民签证收费标准的函》（京公装财发字〔2008〕4号）收悉。根据原国家计委、财政部《关于同意调整内地公安机关对外国人签证收费标准的复函》（计价格〔2003〕392号）的规定，同意调整你局对美国公民来华签证收费标准，具体如下：

一、美国公民来华签证收费标准调整为……

二、请你局持本函到……

三、上述收费标准执行时间为……

特此复函。

北京市发改委

20××年××月××日

第三节

告知函写作实战

告知函，即用来告知某个事项的信函文书。要严格区分“函”和“通知”的使用范围，与“通知”不同，“函”的收发双方一般都不相隶属，即没有领导与被领导的关系、没有业务上的指导与被指导的关系，因此发“函”都是商洽工作、询问问题或请求批准等。

撰写告知函，涉及的数字，除专用称谓、结构层次序数和词、词组、惯用词、缩略语、具有修辞色彩语句中作为词素的数字必须使用汉字外，均使用阿拉伯数字。此外，要确保语句完整，人名、地名、时间、数字、引文、标点符号要准确，所讲的东西要符合客观事物的本质特征，有理有据，不要令人费解而贻误工作。

一、告知函的写作要领

和其他函一样，告知函也分标题、正文、落款。

（一）标题

告知函的标题，可以“制文机关+关于+事由+文种”或“关于+事由+文种”的方式撰写。

（二）正文

告知函的正文，一般按照“发函的缘由（依据、背景）+发函的具体事项+特定结束语”来写。结束语有如“特此函告”“特此函告，望遵照执行”“特此告知”等。

（三）落款

落款在正文右下方，从上到下依次签署单位名称和发函日期。

二、告知函范文

告知函的范文如下。

【例文1】

公司搬迁相关事项告知函

尊敬的公司客户：

由于公司20××年发展战略的需要，公司将全部搬迁至××市××区××路××号，现将具体情况告知如下：

一、公司现联系座机号为××，联系人为××，联系手机为××，传真号码为××。

二、20××年××月××日以后，公司仓库位置仍在××市××区××路××号，公司办公地址已变更为××市××区××路××号。

三、由于公司搬迁对尊敬的客户造成的不便，我司深感歉意，敬请谅解。

特此告知！

××股份有限公司

20××年××月××日

【例文2】

关于××的告知函

致××公司××部：

由我司在海南省××市××区××工业园承建的××公司环保风机项目3、4号工程项目，由于前期地质勘测部分数据存在失误，导致工程项目的基础设计图纸变更，经与勘测单位及设计院联系沟通后，确认新图纸出图时间将近十个工作日。

以上原因导致我方工程需要延期，我方将会在20××年××月××日委派×××、×××来贵单位办理工程延期的相关手续，特致此函。

××有限责任公司××部

20××年××月××日

【例文3】

安徽省应急管理厅关于变更机构名称和启用新印章等事宜的函

省委、省人大、省政府、省政协办公厅，省直各部门，各人民团体，各中央驻皖及省属企业，各市、省直管县人民政府：

根据中央和省委深化党和国家机构改革的决策部署，安徽省应急管理厅已于11月27日挂牌，即日起正式运转。为方便工作，现将有关事项函告如下：

一、新机构名称

安徽省应急管理厅，规范简称为“安徽省应急厅”。

原“安徽省安全生产监督管理局”名称不再使用。

二、新机构印章

启用“安徽省应急管理厅”及“安徽省应急管理厅办公室”印章，原“安徽省安全生产监督管理局”及“安徽省安全生产监督管理局办公室”印章（含电子印章）废止。

三、新机构地址及联系方式

办公地点：××；邮编：××。

联系电话：××；传真：××。

特此函告。

安徽省应急管理厅

20××年××月××日

第四节

邀请函写作实战

在职场中一些重要的活动、会议需要对相关人员进行正式的邀请，一般都会用上邀请函。邀请函不属于传统的法定公函，但在写作上可以参照公函的写作结构，如整体行文包含标题、正文、结尾等部分。

标题常见的是“关于……的邀请函”“邀请函”这两种写法，有时还可以加上活动主题标语。正文部分，首先写邀请的背景、目的和名称（有时候也可以先简单问候对方，位置在称呼的下一行，空两格），其次写活动的具体安排如时间、地点、内容、形式、参加对象等，然后再写清楚联系方式和相关注意事项，最后根据具体情境写敬语结束全文，如“敬请光临”“请届时出席”等。如果涉及内容比较多、有较为详细的活动安排，可以附上具体安排等作为附件。结尾落款为签署单位和日期并加盖公章。

在撰写的语言上，要注意语气用词。邀请函实际上也是礼仪类文书的一种，礼仪类文书最鲜明的特点就是“礼仪性”，遣词用句都应该展现出应有的风度和感情，礼仪类文书我们会在后面的章节再展开细讲，本节所讲的邀请函，和其他礼仪类文书一样，在语言上也要注意展示友好的一面，做到庄重、文雅，不能以通知、命令的口吻强迫客人参与。同时，邀请函一般比较简短，因此语言上同样讲究一个“简”字。

邀请函的参考范文如下。

安徽青年报社关于举办20××年安徽省高招宣传研讨会暨招生宣传进中学活动的邀请函

各在皖招生院校：

为进一步做好高校招生宣传工作，更好地服务广大招生院校和安徽考生，经研究，安徽青年报社定于20××年5月7日至8日在合肥市举办20××年度安徽省高招宣传研讨会暨招生宣传进中学活动。具体如下：

一、活动时间

5月7日上午报到，下午3点30分召开高招宣传研讨会；8日上午赴合肥八中铭传高级中学、肥西县实验中学（暂定）开展高校招生宣传进中学活动，下午返程。

二、报到地点

合肥舒怡国际大酒店（经济开发区金寨南路2715号）。

三、邀请对象

在皖招生本专科院校招生部门或安徽地区招生负责人。

四、活动内容

1.安徽青年报社与招生院校就20××年安徽省高招宣传方案进行研讨；

2.赴中学与考生和家长开展面对面的招生宣传活动（高校须自备招生宣传材料）。

五、参会须知

本次活动为公益性活动，不收任何费用，原则上每校仅限两人参会，参会人员食宿统一安排、费用自理。

联系人：××；电话：××；传真：××。

注：请于4月23日前将参会回执发至安徽青年报社。

安徽青年报社

20××年××月××日

有时候，邀请函还附有回执，回执往往采用表格的形式，将需要对方填写的事项列出，如参会人员姓名、职务、联系电话等。

笔杆子们要留意的是，正如前面我们所讲的邀请函不是传统的公函，因此撰写的时候，标题一般要保留“邀请函”三个字，不宜拆开或简称为“函”如“关于邀请参加××会议的函”，一般要写成“关于参加××会议的邀请函”。同时，受邀对象的姓名应该完整书写，两个或多个人时要加上“和”或“及”等连词，尽量少用顿号。此外，邀请函的正文内容必须写得翔实，不能出现纰漏，发函必须提前一段时间，让受邀对象有时间准备。

第五节

申请书写作实战

申请书，是在职场当中运用最广的一种文体。它的写作框架一般由标题、称呼、正文、敬语（可有可无）和落款五部分构成。

一、申请书的写作要领

（一）标题

申请书的标题有两种形式：一种是直接写“申请书”三个字；另一种是“事由+文种”，如“入党申请书”。

（二）称呼

称呼另起一行，顶格书写接收方的名称，如“×××街道党工委”。

（三）正文

申请书相当于信函类文书中的上行文，因此开篇简要讲述背景和原因之后，就要直奔主题，简单明了地向对方提出申请。申请的内容要讲细致，写明申请书的目的和自己对申请事项的认识。在正文的最后，一般要再展示一下申请方的诚恳态度，语言要朴实且有分寸。

（四）敬语

申请书的敬语可有可无，如“请组织考验”“望领导批准”等。

（五）落款

申请书的落款，放在正文右下方，署明申请人姓名和申请日期。

二、申请书范文

申请书的范文如下。

个人转正申请

尊敬的领导：

2018年10月，本人通过国家公务员考试进入L市市场监督管理局（原L市食品药品监督管理局），成为一名光荣的国家公务员。近一年来，在领导的关心栽培和同事们的帮助支持下，本人始终热衷于本职工作，严格要求自己，摆正工作位置，时刻保持谦虚、谨慎、律己的态度，认真完成各项工作任务，履行好岗位职责，在各方面都取得了较好的成绩。在试用期满之际，本人郑重向组织提出转正申请，请组织审查。

本人一年来的思想、工作、生活等方面的情况汇报如下：

一、政治思想方面。本人坚持认真学习马列主义、毛泽东思想、邓小平理论及“三个代表”重要思想，认真学习贯彻党的十九大会议精神，深入研究党的各项重大方针政策，不断提高自己的政治理论水平，牢固树立全心全意为人民服务的宗旨及正确的世界观、人生观和价值观，坚定立场，强化廉洁自律的自觉性。始终坚持以党员的标准严于律己，严守党的政治纪律，不断提升思想高度，改进工作作风。

二、本职工作方面。本人虚心向领导和经验丰富的同志请教，通过多看多听多想多问多做，努力使自己在最短时间内熟悉工作环境和内容；把所学的知识运用于实际工作中，在实践中检验所学知识，查找不足，提高自己，防止和克服浅尝辄止、一知半解的倾向；深入地研究上级传达的会议及重要文件精神，细心领悟；在工作中任劳任怨，扎实细致，同时总结工作中的成败得失，主动获取经验。

三、日常生活方面。本人一向坚持团结同志，坚持严格要求自己，勤奋努力，时刻牢记全心全意为人民服务的宗旨，维护大局，以诚待人。自觉抑制不正之风和腐败现象的侵蚀，养成奉公守法、以清廉为荣的作风。此外，本人还深入基层，与群众打成一片，慎思慎行，注意自己待人接物的言行举止，争取为群众树立党员榜样。

四、目前存在的不足。近一年来，本人在组织、领导和同志们的帮助和支持下取得了不小的进步，但本人深知自己工作中还存在着些许不足。一是政治理论基础不扎实，理论与实践的结合有待锻炼；二是尚未完全吃透市场监督管理的相关业务知识，还需要进一步的学习、锻炼和提高。

以上是本人近一年来的基本情况小结，不妥之处，恳请组织批评指正。本人渴望按期转正，请组织考虑本人的申请，本人虚心接受组织对本人的审查和考验！

此致

敬礼！

申请人：×××

2019年10月25日

第六节

证明信写作实战

信函类公文中的专用书信的种类很多，如表扬信、祝贺信（贺电）、慰问信、介绍信、证明信、敦促书、建议书、公开信等。本节所讲的证明信，是其中一种很重要的文体。

证明信的撰写框架，和绝大部分信函类公文一样，包括标题、称呼、正文和落款。

标题的写法，一般直接写“证明信”或者“证明书”，有时候也可以简单写“证明”两个字。标题居首行中央。在标题下顶格书写受文单位的名称，一般要明确具体，不能简单写“相关单位”就了事。正文部分，要首先写清楚出具证明信的根据，如“根据你局来函（×××通〔20××〕××号）要求，现就有关事项证明如下”，随后再写具体的证明内容，最后写上结束语如“特此证明”。结束语可以另起一行书写，也可以不另起一行，直接衔接前面的正文书写。另起一行的，结束语不加标点；不另起一行的，需要加句号。最后的落款包括单位名称或个人姓名、出具证明信的日期和备注有效期等，单位名称要全称，备注的有效期一般是在日期下一行位置标注，如“有效时间为2022年××月××日至2023年××月××日”。

根据具体的情况，个别证明信在标题下还需要标明发文编号，同时附存根。存根的内容一般比较简单，只填姓名、相关地点和事由以及有效期限等信息即可。

证明信的范文如下。

【例文1】

证明书

××镇规划办：

兹有我村委会村民________，身份证号码：______________________________，需要新建房屋，该宅地为村规划用地，长11米，宽10米，共计110平方米。要申请临时单相用电，望贵单位给予办理。

特此证明

××村民委员会

2019年12月30日

【例文2】

关于××同志的廉洁证明

××，男，中共党员。该同志政治立场坚定，在思想上始终与党中央保持高度一致；严守政治纪律和政治规矩，履行廉洁自律的各项规定。经核，没有发现该同志任何廉洁问题，没有收到关于该同志的信访举报，对该同志的任用没有不同意见。

××市××事务局（党组）主要领导成员（签名）

××市××事务局纪检组长（签名）

（纪检组公章）

2022年6月1日

【例文3】

收入证明

______（身份证号码：____________）系我单位员工，自______年____月____日进入我单位并工作至今，现在______部门担任______职务。近一年度该员工税后月均收入人民币______元（含税后工资、奖金、津贴、住房公积金、股份分红及其他收入）。

本单位保证上述证明真实、有效

（单位公章）

××××年××月××日

单位地址：______________________________

单位人事部门联系人（签字）：____________

单位人事部门固定电话：__________________

证明信是一个非常严肃的文体，笔杆子们必须做到严谨求实，做到对象明确、重点突出，保证内容的真实性和目的的明确性。行文上要开门见山，格式上要层次分明。如果需要引用文件，应当写明发文机关、标题、发文号。行文中要注意防范容易犯错误的事项，例如书名号使用错误、连接词使用错误、公文引文不完整、相关文号标注不清等，只有这样才能保证证明信发挥应有的价值，解决实际问题，推动具体工作。

第七节

感谢信写作实战

感谢信，和前面提到的证明信等一样，是一种在职场上极其常用的文体，用来感谢他人、增进感情，同时还有表扬先进的作用。因此，感谢信用语要真切和准确，不要遗漏收信人作过的重要贡献。感谢信有直接寄送给感谢对象的，有寄送对方所在单位的，也有在公众媒体公开发布的。不管哪一种感谢信，框架都和其他大多数信函类文书框架一致，这里相同的地方不再复述。要注意的是，感谢信遣词造句要大方得体，要洋溢真挚、热烈的感激之情，但也要立足事实，不能过分雕琢、夸大其词。

特别是在描述对方所作贡献的时候，要讲究精巧，详略得当，夹叙夹议。

感谢信的范文如下（部分内容省略）。

【例文1】

同心抗疫　感恩有你

——致湛江××有限公司的感谢信

湛江××有限公司：

自2022年4月5日我市出现本土新冠肺炎疫情以来，L市委、市政府坚决贯彻落实习近平总书记关于疫情防控重要讲话和重要指示批示精神，在省委、省政府和Z市委、市政府的坚强领导下，迅速投入抗击疫情的斗争中来，切实筑牢疫情防控严密防线，全力维护人民群众生命安全和身体健康。

危急关头，更显勇毅。在L全市上下齐心抗疫的关键时刻和紧要关头，贵公司积极响应Z市委、市政府号召，派出×××等同志驰援我市。×××等同志迎难而上、勇于担当、冲锋在前，以高度的责任感和出色的专业素养全力投入我市疫情防控工作中，与我市党员干部和人民群众并肩作战、同心抗疫，为我市疫情防控提供了强大的人员力量和有力的技术保障，共同筑起了“L保卫战”的铜墙铁壁。他们既是英勇无畏、默默无闻的“逆行者”，又是不忘初心、牢记使命的“践行者”，更是人民生命安全、身体健康的“守护者”。他们用非凡坚守诠释了共抗疫情的决心信心，用实际行动践行了为人民服务的初心使命！

众志成城，抗疫必胜。当前，我市疫情防控已取得阶段性胜利，生产生活秩序正在有序全面恢复。我市疫情防控取得的每一项战果，无不凝聚着贵公司和×××等同志的心血和汗水。在此，L市委、市政府代表××万L市人民向贵公司的强力驰援真诚地道一声：“同心抗疫，感恩有你！你们辛苦了，感谢你们！”

春来疫散，共谋发展。当前，我市的经济社会发展各项工作还期盼着贵公司更多的关心、指导和帮助。愿我们一如既往互相支持、互相帮助，为夺取疫情防控和经济社会发展“双胜利”作出新的更大贡献！

最后，再次向贵公司致以最崇高的敬意和最衷心的感谢！衷心祝愿贵公司全体领导干部及家人身体健康、工作顺利、阖家幸福！

中共L市委、L市人民政府
2022年4月××日

【例文2】

却顾所来径　苍苍横翠微

——致驻村“第一书记”的一封信

尊敬的驻村“第一书记”：

秋去冬至，岁稔年丰，阡陌乡间正在孕育新的希望。适此岁月静好之际，谨向曾经或正在乡村振兴一线奋战的你们致以崇高敬意和真挚问候，由衷道一声“你们辛苦了”！

2021年是值得铭记的一年，在中国共产党成立一百周年的历史时刻，我们夺取了脱贫攻坚战的全面胜利。“但愿苍生俱饱暖，不辞辛苦出山林。”伟大胜利的背后，离不开以习近平同志为核心的党中央举旗定向、谋篇布局，离不开人民群众苦干实干、同心协契，更离不开300多万名“第一书记”躬耕不辍、薪火相传。

你们是政治坚定、初心如磐的生动代言。大家始终把脱贫攻坚作为最大政治任务和第一民生工程，讲政治、顾大局、守纪律，抓党建、谋发展、惠民生，成为基层干群信赖的“领路人”，让党旗在乡村振兴一线高高飘扬，以实际行动践行了“两个维护”。

你们是胸怀天下、心系苍生的平凡英雄。大家牢记“时代造就英雄，伟大来自平凡”，舍小家、顾大家，与群众同吃同住同奋斗，用脚步丈量民意、用身影引领奋斗、用双手拔除穷根，涌现出无数感人肺腑的光辉事迹和黄文秀、刘志耀、谢华涛等典范楷模。

你们是甘于奉献、攻坚克难的时代先锋。大家日夜兼程、任劳任怨，不畏艰难、锐意进取，困难面前豁得出，关键时候顶得上，用心用力用情推动脱贫攻坚、乡村振兴任务落地见效，用自己的“辛苦指数”换取了乡村群众的“幸福指数”。

鞍马犹未歇，战鼓又催征。脱贫摘帽不是终点，而是新生活、新奋斗的起点。我们将自觉以广大“第一书记”为榜样，大力弘扬脱贫攻坚精神，积极投身全面推进乡村振兴、扎实促进共同富裕的伟大实践，在“广阔天地”上留下“大有作为”的坚实足迹，让奋斗成为青春的最美底色。

衷心地祝愿你们和家人身体健康、万事顺遂。

×××
2021年××月××日

第八节

慰问信写作实战

慰问信，是本章里面要讲的一个重要信函类文种。它是某组织、个人向有关组织、个人表示慰劳、问候、关怀的书信，发出慰问信的原因可能是收信方作出了重大贡献（如抗震救灾表现突出），也可能是收信方当地遇到灾难（如地震），还有一种情况就是在一些重大节日的节点。在机关单位之间，一般是由上级向下级发出的。

无论是什么样的场景，不管是同情安慰还是加油鼓劲，慰问信都要写得情感真挚、态度恳切。从框架来看，慰问信主要包括标题、称呼、正文、落款四部分。

一、慰问信的写作要领

（一）标题

慰问信的标题通常采用这三种写法：第一种是直接写“慰问信”三个字，简单明了；第二种是“拟信单位或个人+致+对象+文种”，如“××致××的慰问信”；第三种是“写给+对象+文种”，如“写给××的慰问信”。

（二）称呼

慰问信的称呼的格式和其他信函类文书一样。

（三）正文

正文首先讲背景，引出下文，接着就具体事实表示慰问，最后提出祝愿，以激励对方或者表达并肩作战的话语结束正文，如“让我们以感恩之志、奋进之心，拿出‘敢教日月换新天’的气魄……”。遣词造句要注意语言亲切、感情真挚，使人感受到安慰。

（四）落款

在正文右下方写清楚拟稿的单位名称或者个人姓名，单位名称要写明全称。在下一行签署日期。如果拟稿的单位或者个人不止一个，也全部写上去。

二、慰问信范文

慰问信的范文如下（部分内容省略）。

慰　问　信

解放军驻××指战员，武警部队驻××官兵，民兵预备役人员，军烈属，军队离退休干部，退伍残疾军人，转业、复员、退伍军人：

你们好！值此2022年春节即将来临之际，中共L市委、L市人民政府及全市人民，向你们致以诚挚问候和美好祝福！

岁月不居，时节如流。刚刚过去的2021年，是坚定充实、精彩奋进的一年。中国人民解放军驻××部队、武警部队驻××官兵和民兵预备役人员在习近平强军思想引领下，推进全面从严治军，深入持久地开展军民共建活动，为广大人民群众做好事、办实事，加快推进军民融合，不断巩固军政军民团结的大好局面。你们用忠诚、奋斗和奉献践行了人民子弟兵全心全意为人民服务的铮铮誓言。全市军烈属，军队离退休干部，革命残疾、转业、复员、退伍军人继续发扬人民军队的优良传统，保持革命军人本色，自强不息、拼搏进取、无私奉献，在各条战线上再立新功。你们用永不褪去的军人本色为党分忧，书写无愧于时代和人民的出彩人生。在此，市委、市政府谨代表全市人民向你们致以崇高的敬意和衷心的感谢！

风劲扬帆，战鼓催征。2022年，是我市……的重要一年。面对机遇和挑战、希望和艰险，让我们更加紧密地团结在以习近平同志为核心的党中央周围，继续高举习近平新时代中国特色社会主义思想伟大旗帜，深入贯彻落实党的十九大和十九届历次全会精神，大力弘扬爱国拥军、爱民奉献光荣传统，凝聚同心逐梦、共创未来的磅礴伟力，以踏石留印的精神、久久为功的韧劲，用拼搏和汗水为加快推动L高质量、跨越式发展作出新的更大贡献。

祝大家节日愉快，身体健康，工作顺利，阖家幸福！

中共L市委
L市人民政府
××××年××月××日

第九节

介绍信写作实战

介绍信，是职场中经常用来介绍与联系所接洽事宜的一种应用文体。使用介绍信，可以使对方了解来人的身份和目的，以便得到对方的信任和支持。一个单位派人到其他单位去沟通工作、了解情况、洽谈业务、参加会议等时，常常用到的就是介绍信。介绍信既具有介绍的作用，也具备证明的作用。

在平常工作中，介绍信一般有两种类型：便函式的和填表式的。

一、便函式介绍信

便函式介绍信，一般用印有单位名称的信笺书写，格式与大多数的书信类文书基本相同，其内容包括标题、称谓、正文、结尾、落款、附注几个部分。

（一）标题

便函式介绍信的标题，通常是在稿纸的第一行居中写“介绍信”三个字。

（二）称谓

标题之后另起一行，顶格写收信单位名称或个人姓名，姓名后加“同志”等称呼，再加冒号。

（三）正文

称谓之后另起一行，开头空两格写正文，一般不分段。正文一般要写清楚所介绍人员的姓名、人数、身份、职务、职称等，说明所要联系的工作、接洽的事项以及对收信单位或个人的希望（如“请接洽”）、要求等。

（四）结尾

便函式介绍信的结尾和大多数的书信类文书一样，也需要写上表示致敬或者祝愿的话，如“请予协助”“此致　敬礼”等。

（五）落款

落款在正文的右下方，写明开具介绍信的单位名称和介绍信的开出日期，并加盖公章。日期写在单位名称下方。

（六）附注

附注部分通常用来注明介绍信的有效期限，具体天数宜用大写数字书写。

便函式介绍信的范文如下。

介　绍　信

尊敬的××局××同志：

兹有我局××同志等人前往你处办理××事宜，望予以接洽和协助。××工作是我局工作的重要环节，是××工作顺利开展，加快打造“五新××”，全力建设新时代××首善之区的重要举措。为此，诚恳地希望贵单位给予接洽和协助，使××等人切实圆满完成此项任务。同时，在此过程中，请按照贵单位规章制度的要求，对××

等人严格要求，并在结束时对××等人的工作情况给予鉴定。最后，对贵单位于我们工作的大力支持，表示最衷心的感谢！

此致

敬礼！

××市××局（盖章）

2022年××月××日

二、填表式介绍信

填表式介绍信，顾名思义就是一种用印有固定格式的专用信纸，根据要办的具体事项按格逐一填写的介绍信。填表式介绍信一般由存根、间缝、本文三部分组成。

（一）存根

存根部分由标题、介绍信编号、正文、开出时间等组成。存根由出具单位留存，便于日后查存。

（二）间缝

间缝部分写介绍编号，应与存根部分的编号一致。还要加盖出具单位的公章。

（三）本文

填表式介绍信本文部分的写法基本与便函式介绍信的写法相同，只是有的要标题下再注明介绍信编号。

填表式介绍信最后的落款和便函式介绍信一样，要有本单位名称和写信日期，并加盖公章。要注意的是，除本文部分需加盖公章外，存根与本文部分之间的虚线正中也要加盖公章。

不管是便函式介绍信还是填表式介绍信，篇幅都不宜过长，正文当中提到的接洽事宜都要写得言简意赅，坚持实事求是的原则，措辞得当，必要时还要注明使用介绍信的有效期限，如果是手写的介绍信，还要求字迹工整，不能随意涂改。

填表式介绍信的范文如下。

介　绍　信

介字第__________号

兹介绍我单位__________________同志等_____________名前往贵处办理__________________________事宜。

请予接洽为盼。

（有效期：_____天）

（单位公章）

____年____月____日

第八章

礼仪类、法律类、财务类等通用文书写作实战技巧及模板

在很多行业中，礼仪类、法律类和财务类文书都是日常工作不可或缺的文书。本章内容，重点就是讲这几类通用文书的写法。

第一节

欢迎词、欢送词写作实战

欢迎词和欢送词，实际上都属于前文提到的致辞稿的范畴。在日常工作当中，欢迎词、欢送词是两种比较常用的礼仪类文书，特别是从职场晋升的角度来看，掌握撰写欢迎、欢送词这类礼仪类文书的技能，是提升公关水平，在职场中赢得人脉、谋取资源的一个重要途径，因此在本节中单独讲解这两种文书的写法。

一、欢迎词

欢迎词，是东道主欢迎宾客的来临，在公共场合发表的友好讲话，如在节庆活动开幕式上向来宾敬上一篇热情洋溢的欢迎讲话。欢迎词有现场的口头欢迎词，也有发表在刊物上的欢迎词，有在小型的宴会、聚会等场合使用的欢迎词，也有在大型公关场合、公事往来中使用的欢迎词。不管是什么样的欢迎词，结构都大同小异，一般是由标题、称谓、正文和落款四部分组成，主要的行文特点是用语欢愉，给宾客“宾至如归”的愉悦体验。

（一）标题

标题写法一般有两种，一种是由活动内容和文种共同构成，如《在××交流会上的欢迎词》，另一种是单独以文种命名。

（二）称谓

欢迎词的称谓和其他公文一样，都是在开头顶格处写，用词要客气，如“尊敬的女士们、先生们”“各位领导，各位嘉宾”等。

（三）正文

正文包含开头、中间、结尾三部分。

开头通常先介绍背景情况，如：

各位同仁：

大家上午好！

春回大地，万象更新！转眼之间2022年已经过去，充满新的挑战与机遇的2023年已然来临。今天，我们欢聚一堂，召开××房地产公司2022年度工作总结大会。首先，我谨代表公司向各位参会人员表示热烈的欢迎；再则，向全体员工在过去一年里的辛勤工作致以深深的谢意……

中间一般要阐述宾主双方的共同目标等内容，可以介绍来宾的成就和贡献，同时要指出来宾到访或者后续合作的意义，如：

2022年，是公司大跨步发展的一年，也是充满挑战的一年。公司自2006年成立以来，已然走过16个年头，在这16年的时间里公司承接了数个地产项目，涉及区域遍及全国多个地区。机遇和挑战是并存的，尤其是在近几年整个市场经济处于较为动荡的时期，致使房地产市场局势变幻莫测，给我们的销售工作带来了很大的挑战。但是通过公司全体员工的不懈努力，公司获得了健康、稳步、持续的发展，做到了稳健运营，实现了持续发展的目标。

在2022年，公司总部经历了办公场所的搬迁和工作人员的扩编，由原先的狭小办公场所搬到了现在正规、宽敞、明亮的专业商务写字楼，公司各职位也逐渐达到齐全的人员配备状态，这些方方面面都是公司在不断发展壮大的实际体现。当然，公司的发展是伴随着全体员工的辛勤劳动和不断努力的，也凝聚着每位员工在各自岗位上的自我突破和无私奉献。为此，我谨代表公司再次向全体员工表示衷心的感谢，并通过你们向你们的家人表示由衷的感谢。

展望2023年，我们将面临新的机遇和更大的挑战，只要大家继续努力、开拓创新、与时俱进，以新的姿态、新的步伐前进，必能谱写出公司全新的篇章！

结尾通常会再次向来宾表示欢迎并表达良好的祝愿，如：

我相信2023年，在公司的正确决策下，有我们全体员工的共同努力和齐心协力，通过强化管理、提升效率，我们的员工和企业一定能够携起手来、共同进步，在激烈的市场竞争中求得新的发展，公司一定会有更美好的未来！

最后，祝我们的年度会议圆满成功！谢谢大家！

（四）落款

欢迎词的落款和大部分公文相同，都是要署上致辞者（单位或个人）名称、身份（个人）和成文日期。

欢迎词的范文如下（部分内容省略）。

在××市人民政府与××有限公司
××合作项目启动仪式上的欢迎词

尊敬的××总裁，各位来宾，同志们：

今天，我们在这里隆重举行××市人民政府与××有限公司××合作项目启动仪式。今天迈出的一小步，是我市高质量、跨越式发展的一大步。在此，我谨代表××市人民政府，对××的到来表示热烈的欢迎！对××于××市经济社会发展的支持表示由衷的感谢！

××市是广东省……当前，我市正处于高质量、跨越式发展的机遇叠加期，省“一核一带一区”区域发展战略、省委“4号文”等举措，必将为××未来发展注入强大动力。××有限公司是世界领先的互联网科技公司，是国内最大的互联网综合服务提供商之一，也是中国服务用户最多、最广的互联网企业之一，在移动互联网、云计算、大数据、人工智能等领域拥有核心技术优势和金融资本优势，在助力城市数字化、智能化转型升级方面具有丰富的经验。我市与××有限公司合作××项目，有助于我市克服技术层面的重重挑战，加快建设……，打造“民有所呼、我有所应，民有所需、我有所为”的服务型政府，推动大数据与社会各领域深度融合，推进数字化、网络化、智能化建设，以大数据思维、智能化手段提升社会治理水平。

同志们，今天我们市政府与××有限公司的签约，既是我们双方进入到紧密合作、共谋发展的新阶段，又是我市把握机遇叠加期、打造大数据社会治理先行示范区的具体行动。我市相关职能部门一定要……，为××有限公司提供……；也欢迎××有限公司充分发挥人才丰富、技术成熟等优势，通过……为我市增添新动能，携手全力开创××市高质量、跨越式发展新局面。

最后，预祝××合作项目取得圆满成功，期待能与××有限公司结成奋斗共同体，共享发展机遇，共创美好未来！

××市人民政府市长　×××

2022年××月××日

二、欢送词

欢送词是东道主为表达对宾客的欢送之意，在活动结束时的讲话。欢送词作为一种日常应用文，是当代应用写作学研究的文种之一。欢送词的写法和架构和欢迎词有些相似，都是由标题、称谓、正文和落款四部分组成，只不过在内容上有“送”和“迎”的区别。欢送词侧重体现分别时的依依惜别之情，做到以情动人，但情绪又不能消沉，要营造出亲切轻松又不舍的氛围。

欢送词的范文如下（部分内容省略）。

欢 送 词

各位贵宾：

我们的船已在返航的途中。透过船舱外可以看见，××的天空又下起了小雨。千年前诗人王维有一首著名的诗，叫《送元二使安西》，他在诗中写道："劝君更尽一杯酒，西出阳关无故人。"

今天，××也下起了小雨，我们也在雨中与各位分别，也许雨还是当年的雨，不同的是，王维送的人要西出阳关，没有故人，而大家走是要飞回××，去见亲人。××人常说：下雨天，留客天。我们××人的习俗，但凡下雨的时候，是不放客人走的……但是，由于行程的安排，我们不得不违反××这一民俗，在此相送。

"好花不常开，好景不常在，……今宵离别后，何日君再来？"邓丽君小姐这首《何日君再来》是我们常常唱起的一首歌。今日离别后，什么时候你会再来？也许从此之后我们不会再相见。但我相信，我们之间友情的花朵会常开，××的美景永远常在。在大家本次××之旅的最后时刻，我想说：……

好了，各位贵宾，我们的船马上就会靠岸，抵达本次旅程的终点站——××，几天前我们在这里开始起程，今天回到了起点。有一首诗大家不会陌生，……值此分别时首先我要代表×××感谢大家几天以来对我们工作的支持与配合，并对行程中不尽如人意的地方表示深深的歉意。

祝大家一路平安、旅途愉快。

最后，祝大家在以后日子里……欢迎再次莅临××！谢谢大家！再见！

×××

××××年××月××日

最后要强调的是，欢迎词和欢送词都要注意使用尊称，语言要热情友好，篇幅要精简，尽量不要长篇大论。

第二节

贺词写作实战

贺词也是公文写作中常见的一种礼仪类文书，写法相对其他文体较为容易，但同样要讲究语言的精巧、情感的丰富。贺词通常包括四部分，分别是标题、称谓、正文、落款。

一、贺词的写作要领

（一）标题

贺词的标题写法与许多信函类公文类似。可以开门见山地直接写，如《贺词》《贺信》等；也可以文体加上场合或致贺对象，如《致全省干部群众的新年贺词》。可以是单标题形式，如《元旦献词》；还可以是正副标题形式，如《辽宁省新年献词——2023，辽宁蓄势待发！》。

（二）称谓

贺词的称谓一般靠左顶格独占一行写，如“市民们”“全市父老乡亲”“同志们”“朋友们”等，后加冒号。

（三）正文

贺词的正文内容往往包括三点：第一点写缘由与背景；第二点写分析与评价；第三点写意见与希望。

（四）落款

贺词的落款，即签署发表贺词的单位名称或人物姓名、职务，以及发表贺词的日期。

二、贺词范文

在这里，给大家看一篇拉萨市委、市政府发表的贺词。

2023年新年贺词

市民们、同志们、朋友们：

日月其迈，岁律更新。在这辞旧迎新的美好时刻，市委、市政府谨向全市各族干部群众，向驻市各中（区）直单位，向驻市人民解放军、武警官兵、政法干警，向北京、江苏两省市以及所有关心支持拉萨发展的各界人士，致以新年的祝福和诚挚的问候！

时序轮替，韶华如驶。刚刚过去的2022年，是党和国家历史上极为重要的一年，也是拉萨发展史上极不平凡的一年。这一年，我们砥砺初心、满怀赤诚，喜迎党的二十大胜利召开，全面掀起学习宣传党的二十大精神的热潮，以新思想引领新发展，以新实践开启新征程。这一年，我们众志成城、共守平安，持续铸牢中华民族共同体意识，有形有感有效开展“三个意识”教育，确保了社会大局持续和谐稳定。这一年，我们守望相助、齐心抗疫，疫情防控措施不断优化，再次见证了党的领导根本优势的无比强大、中国特色社会主义制度的无比优越、祖国大家庭的无比温暖。这一年，我们攻坚克难、奋力拼搏，经济发展承压前行，民生福祉不断提升，乡村振兴深入实施，成功入选第二批国家文化和旅游消费试点城市，入围全国首批国家物流枢纽城市、跨境电子商务综合试验区等，高质量发展稳中有进。这一年，我们尊重自然、爱护家园，南北山绿化工程高位推进，生态富民工程普惠群众，中央环保督察反馈问题整改工作扎实推进，全市空气质量优良率稳居全国重点城市前列，美丽拉萨建设迈上新台阶。这一年，我们主动作为、服务强边，积极支持阿里、那曲在拉萨市发展飞地经济，用心用情做好拥军优属工作，全力建设稳固的强边大后方。

岁月不居，天道酬勤。过去一年取得的成绩，是以习近平同志为核心的党中央掌舵领航的结果，是习近平新时代中国特色社会主义思想科学指引的结果，是区党委、政府坚强领导的结果，是全市广大党员干部群众团结奋斗的结果。回望一年的风雨同舟，各条战线、各行各业都为拉萨发展作出了重要贡献，一个个平凡坚韧的身影、一幕幕感人至深的场景、一次次心手相牵的接力，汇聚起推动拉萨发展的磅礴力量。借此机会，向大家道一声辛苦、说一句感谢、致一分敬意，为身边温暖的陪伴，也为一路奋斗的汗水，更为明天更好的期盼。

风劲潮涌，自当扬帆。2023年是全面贯彻落实党的二十大精神开局之年，是实施“十四五”规划的关键之年，也是全市“作风改进年”“投资落实年”。我们要高举习近平新时代中国特色社会主义思想伟大旗帜，深入贯彻落实党的二十大精神及中央第七次西藏工作座谈会精神，深入贯彻落实总书记关于西藏工作的重要指示和新时代党的治藏方略，深入贯彻落实自治区第十次党代会和区党委十届三次全会精神，捍卫“两个确立”、增强“四个意识”、坚定“四个自信”、做到“两个维护”，聚焦“四件大事”、聚力“四个创建”、当好“七个排头兵”，大力实施“强中心”战略，全面深化改革开放，大力提振市场信心，突出做好稳增长、稳就业、稳物价工作，促进经济稳中向好、稳步提质，全力解决好群众急难愁盼的事，枝叶关情、不负人民，以当好长治久安和高质量发展排头兵的实际行动，为全面建设社会主义现代化新拉萨打下坚实基础。

新春将至，万象更新。让我们更加紧密地团结在以习近平同志为核心的党中央周围，在区党委的坚强领导下，大力弘扬伟大建党精神，不忘初心、牢记使命，踔厉奋发、笃行不怠，奋力推动拉萨各项工作开创新局面、展现新气象。

祝愿伟大祖国繁荣昌盛！

祝愿西藏明天更加美好！

祝愿全市人民幸福安康！

扎西德勒！

中共拉萨市委

拉萨市人民政府

2022年12月31日

第三节

法律类文书写作实战

法律类文书，指的是司法行政机关及当事人、律师等在解决诉讼和非讼案件时使用的文书，也包括司法机关的非规范性文件，包括但不限于民商、行政、刑事等裁决文书，和仲裁法律文书、公证法律文书，以及公司管理文书、公司清算文书等，涵盖了我国公安机关（含国家安全机关）、检察院、法院、监狱或劳改机关以及公证机关、仲裁机关依法制作的处理各类诉讼案件和非诉讼案件的法律文书，以及案件当事人、律师及律师事务所自书或代书的具有法律效力或法律意义的文书。

根据制作方式的不同，法律类文书可分为表格填写类法律文书和叙议类法律文书。表格填写类法律文书比较简单，而叙议类法律文书除了和普通公文一样要求语言精练、内容实用之外，还要求结构固定、用语固定，以及制作的合法性和内容的法定性。

这里要强调的是，撰写法律类文书绝对要避免过于白话的表述，如“被告辩称、被告人辩称”等表达方式，同时还要注意用词细节，如“附带民事诉讼原告、被告”的表述就是错误的，应该是“附带民事诉讼原告人、被告人”。

同时，因为法律类文书种类繁杂，笔杆子们动笔之前一定要确定好所需要写的体裁，使用正确的格式，并且根据不同的类别，做到具体问题具体分析。比如你打算写民事起诉书，那么就要厘清案件的前因后果及各个诉讼主体之间的法律关系和相关的诉求，如果是打算写辩护词等文稿，则要着重理顺上下文的逻辑，充分运用法律、法理来强化论证，支撑自己的辩护。

在这里，给大家列出两篇法律类文书范文（字体不做示范，部分内容省略）作为参考。

民事起诉状

原告：×××，男/女，××××年××月××日生，×族，……（写明工作单位和职务或职业），住址：……，联系方式：……

法定代理人/指定代理人：×××，……

委托诉讼代理人：×××，……

被告：×××，……

……

（以上写明当事人和其他诉讼参加人的姓名或者名称等基本信息）

诉讼请求：

……

事实和理由：

……

证据和证据来源，证人姓名和住所：

……

此致

××人民法院

附：本起诉状副本×份

起诉人（签名）

××××年××月××日

××市安全生产监督管理局

行政执法建议书

×安监执法〔2017〕第1号

××国资委：

你委投资的××，经检查发现……未经设计审查批复同意擅自组织施工，我局已于2017年××月××日下达停止生产的处罚决定和责令限期改正处理措施，但××拒不执行继续违法作业，其行为违反《安全生产法》第二十八条规定，存在重大安全事故隐患，特提请你委及时予以制止，责令其纠正违法行为，防止生产安全事故的发生。

附件：处罚决定书（×安监非煤科罚单〔2017〕第2号）

××市安全生产监督管理局

2017年××月××日

第四节

财务类文书写作实战

财会工作中经常接触的文书，就是财务类文书，通常是针对国家行政机关、企事业单位以及其他社会组织等机构的各种财务状况及经济活动状况的书面报告。财务类文书种类也不少，包括财务分析类文书、财务行政类文书、预算决算类文书、资产管理类文书、融资投资类文书、财务审计类文书、收益分配类文书、税费管理类文书、成本控制类文书、会计出纳类文书等多种体裁。不过，虽然种类很多，但它们却有一些共同的特点：格式规范、内容真实、语言简练。在这里，我们选择三个典型的财务类文书来讲讲。

一、财务分析报告

财务分析报告，包括定期和非定期的分析报告，指的是在分析各项财务计划完成情况的基础上概括、提炼、编写的具有说明性和结论性的书面材料，它是单位财务管理的重要资料，为单位的重大财务决策提供科学依据。财务分析报告一般采用“五段式”，包括以下五段：提要段、说明段、分析段、评价段和建议段。

提要段简要概述单位综合情况；说明段是对单位财务现状的介绍，对重要事项单独反映；分析段是对当前情况进行分析，细化分解各项指标，通过运用图示、表格等方式深入剖析存在问题；评价段是在作出财务说明和分析后，从正面和负面两方面作出公正客观的评价，可以单独分段叙说，也可以穿插在说明段和分析段；建议段，即分析后得出的意见建议，建议要具体化，比如提出有一套切实可行的方案等。

和其他公文写作一样，笔杆子们在撰写财务分析报告的时候，也要注意针对不同受众的不同写作方式。例如，受众是专业人士的，可以多运用专业术语等，写得专业一些；写给非专业人士，则要写得通俗易懂；分析的目标如果是某一项工作，那么分析的内容可以写得全面、翔实一点，如果是综合性分析则不用面面俱到，只要抓住重点问题进行分析即可。

财务分析报告的范文如下（部分内容省略）。

2022年度A公司财务分析报告

2022年度，A公司在全区经济持续稳步发展的形势下，坚持以搞活经济强化管理为重点，深化企业内部改革，深入挖潜，调整结构，完善机制，不断开拓进取，全年销售收入实现130万元，比去年增加30%以上，取得了可喜的经济效益。

（一）主要经济指标完成情况

本年度商品销售收入为130万元，比上年增加35万元。全年毛利率达到12.84%，比上年提高0.6%。费用水平本年实际为8.1%，比上年升高0.75%。销售利润率本年为5.21%，比上年下降0.04%。其中，商业企业为5.02%，上升0.28%。全部流动资金周转天数为130天，比上年的108天慢了22天。其中，商业企业周转天数为59天，比上年的49天慢了10天。

（二）主要财务情况分析

1. 销售收入情况

通过增设经营网点，扩大销售范围，促进了销售收入的提高。如百货商店销售收入比去年增加187万元。

2. 费用水平情况

A公司商业的流通费用总额比上年增加155.3万元，费用水平上升0.78%……

3. 资金运用情况

年末，全部资金占用额为86.8%。其中：商业资金占用额占全部流动资金的55%，比上年下降6.87%。结算资金占用额31.8%，比上年上升了8.65%。从资金占用情况分析，各项资金占用比例严重不合理，应继续加强“三角债”的清理工作。

4. 利润情况

企业利润比上年增加30万元，主要因素是：

（1）增加因素：①由于销售收入比上年增加……②由于毛利率比上年增加……③由于支出额比上年少……

（2）减少因素：由于税率比上年上浮……

以上两种因素相抵，本年度利润额多实现30万元。

（三）存在的问题和建议

1. 资金占用增长过快，结算资金占用比重较大，比例失调。特别是其他应收款和销货应收款大幅度上升，如不及时清理，对企业经济效益将产生很大影响。因此，建议A公司下属各分公司领导要重视起来，应收款较多的单位，要领导带头，抽出专人，成立清收小组，积极回收。也可将奖金、工资同回收贷款挂钩，调动回收人员积极性。同时，要求企业经理要严格控制赊销商品管理，严防新的三角债产生。

2. 经营性亏损单位有增无减，亏损额不断增加。A公司未弥补亏损额高达××万元，比往年同期大幅度上升。建议加强对亏损企业的整顿、管理，做好扭亏转盈工作。

××会计师事务所有限责任公司

2023年××月××日

二、审计报告

审计报告指的是由专门的审计人员根据国家财经工作制度和独立审计准则的要求，对被审计单位的财务状况、经营成果、经济效益以及遵守财经法纪方面实施审计后，进行发表评价的书面材料。

审计报告的文书体裁，可分为文字表格式与文字说明式。

文字表格式审计报告是以表格为主体格式的审计报告。这类审计报告并不多见，往往是由表格配以一定的文字进行说明。而文字说明式审计报告是最常见的审计报告形式。

审计报告的写作通常分为五步走：第一步是整理分析；第二步是定好审计报告大

纲；第三步是拟好审计报告初稿；第四步是征求审计对象意见；最后一步是审核并签发审计报告。在格式方面，审计报告一般包括四大板块：

（一）标题

标题可以准确标出被审计单位的名称、审计事项的主要内容和时间、文种名，如《关于××有限责任公司2023年财务收支情况的审计报告》，也可以直接写为《审计报告》。

（二）主送机关

主送机关指注册会计师按照业务约定书的要求审计报告送达的对象，一般写明收件单位的全称，如“×××有限责任公司”。主送机关顶格书写，后面加冒号。

（三）正文

一般由前言段、管理层对财务报表的责任段、注册会计师的责任段、意见段四部分组成。前言段简要说明审计的内容、范围、依据、时间等；管理层对财务报表的责任段、注册会计师的责任段写明被审计单位的有关情况，写出与审计事项有关的具体事实；意见段主要撰写审计人员针对存在的问题提出的审计评价或处理意见、建议所依据的法律、法规。

（四）落款

落款一般由会计师事务所名称（盖章）、注册会计师姓名（签名）、撰写报告的时间组成。落款的位置通常放在正文右下方，注册会计师姓名（签名）在上，落款时间在下。

如果审计报告还有附件，则将附件标题放在落款上方、正文的左下方，附件具体内容另起一页，附在审计报告后面。如需抄送，则在落款之下顶格标注“抄送”，然后在下面依次列出抄送单位的名称。

审计报告的范文如下（部分内容省略）。

审计报告

××审字（2023）第××号

××市总工会：

根据××的规定和××工作计划，市总经审会组成审计组，于××××年××月××日至××日对××2022年度本级核算的所有账户的财务收支和财务管理情况进行了审计。审计组审计了审计期间的有关报表、账簿、合同、协议，抽查了部分会计凭证，盘点了部分资金、资产，实施了审计组认为必要的审计程序。××应对所提供本次审计的会计资料和相关材料的真实性、完整性负责，市总审计小组承担审计责任。

一、基本情况

××是独立收缴、管理、使用经费的一级预算单位……

二、审计结果

（一）经费预算执行情况

……

（二）其他账户的收支情况

……

（三）资产、负债情况

……

三、审计评价

审计结果表明……

本次审计期间，对××落实上次审计意见的情况进行了核实，经核实，审计意见和建议均得到了落实。

但在审计中，我们也发现××在预算管理、经费收缴、投资管理、会计基础工作等方面存在一些问题，需进一步加以改进和纠正。

四、审计发现的问题

（一）预算管理方面

1. 预算执行不严格……

……

五、审计建议

……

××会计师事务所有限责任公司

中国注册会计师：×××

2023年××月××日

三、资产评估报告

资产评估报告，指的是资产评估机构在完成评估项目后向委托方出具的关于项目评估过程及其结果等基本情况的具有公正性的工作报告，是评估机构为资产评估项目承担法律责任的证明文件。资产评估报告的撰写，通常有五个部分。

（一）标题

标题要写清楚被评估单位的名称、资产评估的内容和文种。如《关于××中心固定资产实有情况的评估报告》。

（二）委托单位的名称

一般要详细写明委托人名称，不能用简称。

（三）正文

正文一般包括三部分：前言、主体和结尾。前言要提到评估依据、目的和评估基准日以及评估资产项目名称。主体要写清楚评估工作过程中遵循的原则。结尾主要是对评估结果发表结论，对资产、负债、净资产的账面价值、调整后账面价值、评估价值及其增减幅度进行阐述，并单独列示不纳入评估汇总表的评估结果。

（四）附件

基本内容包括合同、协议、法律条文等可以作为评估依据的主要文件的复印件，财产清单，资产评估明细表，委托单位的有关财务会计报表，评估后资产价格情况、增减说明等材料。

（五）署名和日期

资产评估报告的署名位于附件的右下方，署名包括评估机构、评估项目负责人和参加评估人员的姓名，然后盖章，人员姓名下方签署评估机构名称并盖章，最后附上报告出具的时间。

资产评估报告的范文如下（部分内容省略）。

资产评估报告

××公司接受××公司委托，根据国家有关资产评估的规定，本着客观、独立、公正、科学的原则，按照公认的资产评估方法，对委托方拟资产重组而涉及××公司的资产和负债进行了评估工作。我们按照必要的评估程序对委估资产和负债实施了实地查勘、市场调查与询证，对委估资产和负债在××××年××月××日所表现的市场价值作出了公允反映，现将资产评估情况及评估结果报告如下：

一、委托方

委托方：××公司

法定代表人：××

住所：××

注册资本：××

企业类型：××

联系人：××

电话：××

经营范围：××

××公司是国内……

二、资产占有方

……

三、评估目的

根据××公司拟对××进行资产重组。本次资产评估是为委托方提供该经济行为所涉及××公司的资产和负债于评估基准日之市场价值依据。

四、评估范围与对象

本项目评估范围为××公司于评估基准日的经会计师事务所审计后的资产负债表上所列资产……

待评资产于评估基准日之账面值及数量为：

总资产××万元，其中：

……

五、评估基准日

本项目资产评估基准日为2022年××月××日，评估中所采用的价格均系评估基准日的标准。

本项目资产评估基准日由委托方确定。

六、评估原则

1. 遵循独立性、客观性、科学性、专业性等工作原则；

……

七、评估依据

（一）行为依据

1. 委托方与我公司签订的资产评估业务约定书。

……

（二）法规依据

1.《国有资产评估管理办法》（1991年国务院令第91号）和《国有资产评估管理办

法施行细则》（原国有资产管理局国资办发〔1992〕36号）；

……

（三）产权依据

1. 委托方提供的房产证、发票等产权证明文件及其他有关文件；

2. 各类交易合同、抵押合同、担保合同及其他合同。

（四）取价依据

1. 房地产所在地的房地产市场交易价格信息及基准地价标准；

……

八、评估方法

根据本项目评估目的及评估对象的具体情况，我们采用加和法评估企业的整体价值，扣除企业的各项负债，从而得出企业的净资产价值。

……

九、评估过程

整个评估项目评估时间从2022年××月××日至2023年××月××日，经过了接受委托、资产清查、评定估算、评估汇总、提交报告等过程，具体过程如下：

1. 接受委托：我公司接受委托，根据有关文件及委托方具体经济行为的需要，与委托方协商确定了评估目的、评估范围和对象，选定了评估基准日，拟定了评估工作计划，并签订了资产评估业务约定书。

……

十、评估结论

经评估计算，我们对资产占有方于评估基准日2022年××月××日的评估结论如下：

总资产：……

十一、评估报告的法律效力

……

十二、评估报告提出日期

本评估报告于2023年××月××日提交委托方。

评估机构：××公司

评估机构法定代表人：××

签字注册评估师：××

中国注册资产评估师：××

中国注册资产评估师：××

报告复核人：××

××公司

2023年××月××日